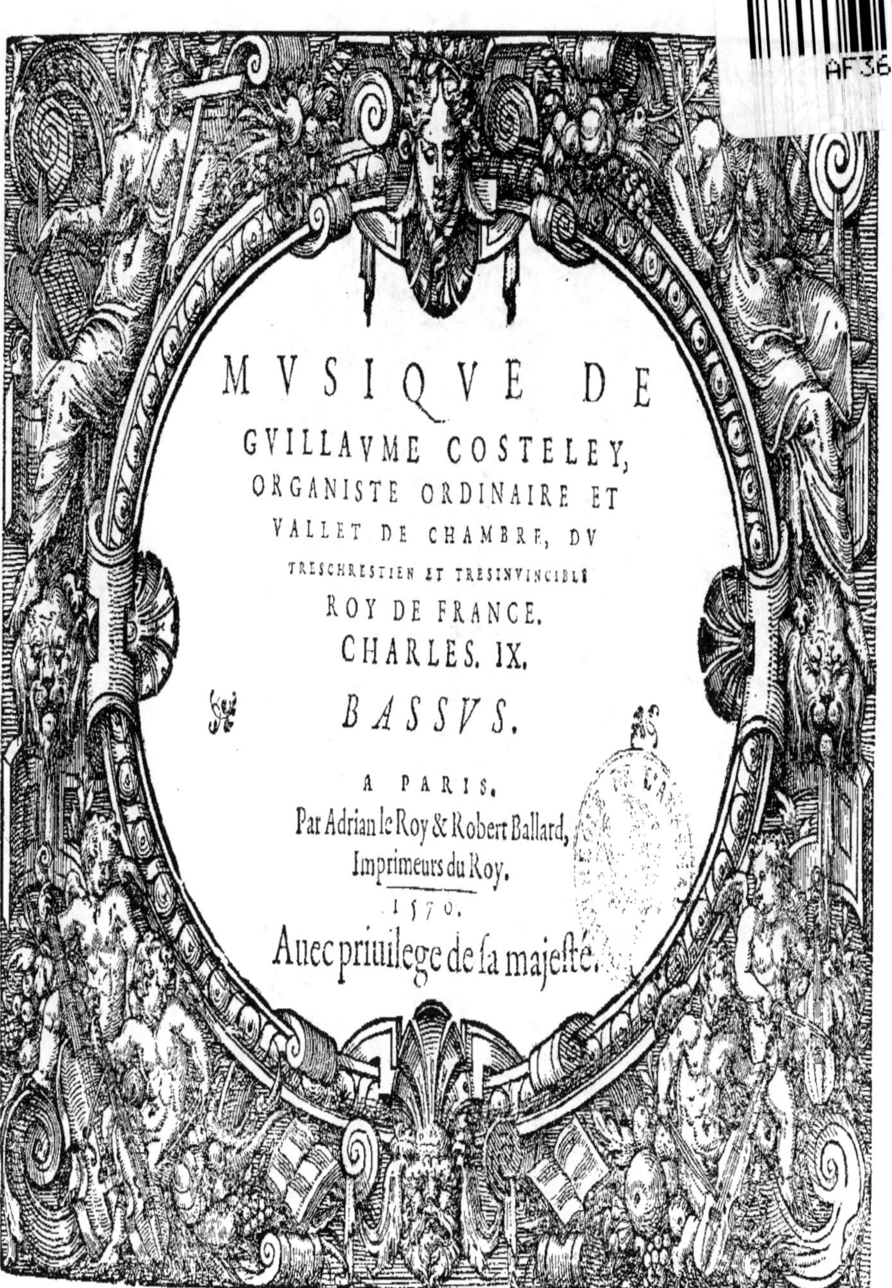

MVSIQVE DE
GVILLAVME COSTELEY,
ORGANISTE ORDINAIRE ET
VALLET DE CHAMBRE, DV
TRESCHRESTIEN ET TRESINVINCIBLE
ROY DE FRANCE.
CHARLES. IX.
BASSVS.

A PARIS.
Par Adrian le Roy & Robert Ballard,
Imprimeurs du Roy.
1570.
Auec priuilege de sa majesté.

Condit Costeles optimum poëma:
Scribit Costeles elegante penna:
Infundit modulos suæ Poësi:
Hos sono modulatur organorum.
Musa, musica, dextra queis ministra est

(Ars duplex animi, manúsque duplex)
Opus conficit vndique absolutum.
Ecquem huic prætuleris viro virorum?
Qui, quæ singula sunt tributa paucis
In se possidet vnus vniuersa.

IAC. GOHORIVS PARISIENSIS,

AV ROY.

SIRE. *Quãd sur la mer il s'esleue vn orage*
Et que la Nef alors semble perir aual
(La pluspart des Nauchers n'en esperant que mal)
Quelq'un reste au dedens qui leur donne courage.

   Il s'employe au Timon, il trauaille au cordage,
De termes pleins d'espoir il est tant liberal
Qu'il leur fait oublier la peur du Fortunal,
Et chacun s'efforçeant, eschappent le Naufrage.

   C'est ainsi qu'Æneas les Nauchers consoloit:
Et comme entre les feuz que par la France on void
Sire je voudroys bien vous voir reprendre aleine,

   Vous offrant ce labeur non egal au Troyen,
Louable Toutefoys si auec son moyen
Vne seule heure au jour je charme votre peine.

A ij

A SES AMIS.

Vous Messieurs honorez, Vous mes treschers Amis
Qui m'auez stimulé de produire en lumiere
Ce mien petit labeur: Suiuant votre priere
Es mains de l'Imprimeur de nouueau je l'ay mis.

   Si donc il est prisé, à vous en soit remis
Le principal honneur: Et si par le contraire
D'aucuns il est blasmé je vous pry ne vous taire
Deffendre le deuez contre ses ennemis.

   Va donc mon Labeur, suy, tous ceux qui t'aymerõt:
Ie voy bien que tu crains quelque Ceremonie,
Va va ne t'esbahy de ceux-la qui diront

   Ce Costeley n'a pas d'un tel le contrepoint,
Il n'a pas de cestuy la pareille harmonie,
I'ay quelque chose aussi que tous les deux n'ont point.

Llez mes premieres amours, Allez je ne vous veux plus suiure Vous me re-
fusiez le secours Qui fait l'amant fidelle   viure: Allez j'ay trop congnu voz
tours, Aprochez mon amour seconde N'usez point vers moy de rigueur Venez-ça ma mignonne blonde Ie n'ayme que vous en ce mõde Baisez moy Baisez moy & prenez mon cœur. Baisez moy .ij.   & prenez mon cœur

COSTELEY.

Ais que sert la richesse à l'homme, Qui jouyr ne sçait de son bien, A trauail-
ler il se consomme Et d'icy bas n'emporte rien, Vn autre jouyra du sien, De trauailler franc & deliure franc & deliure Apren donc à jouyr du tien Resjouyr se faut Resjouyr se faut & bien viure. Resjouyr se faut & bien viure. .ij. Apren donc

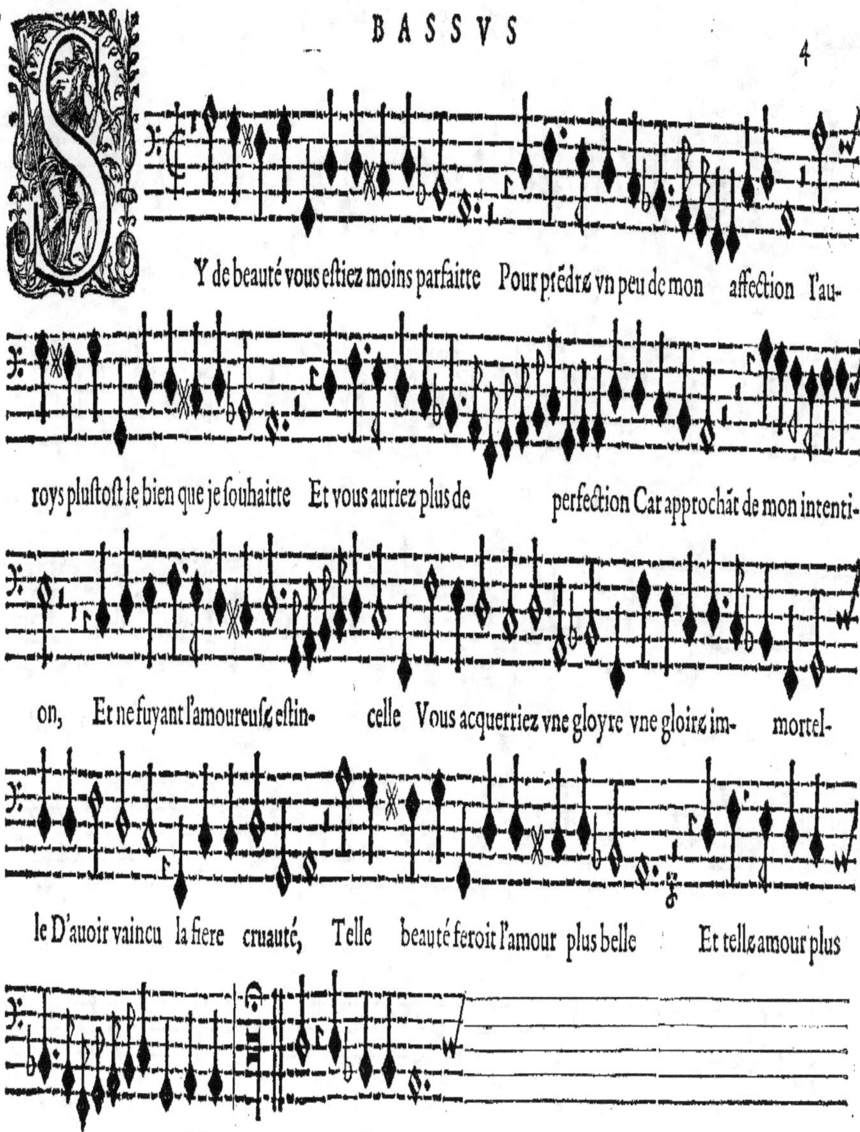

Y de beauté vous estiez moins parfaitte Pour prédra vn peu de mon affection l'auroys plustost le bien que je souhaitte Et vous auriez plus de perfection Car approchát de mon intenti-
on, Et ne fuyant l'amoureusa estin- celle Vous acquerriez vne gloyre vne gloira im- mortel-
le D'auoir vaincu la fiere cruauté, Telle beauté feroit l'amour plus belle Et tella amour plus
ay- mer la beauté. Et tella amour

N vſurier enterra ſon auoir Souz vn buiſſó craignát de le deſpédre, Souz vn buiſ-
ſon .ij. craignát de le deſpédre Vn malheureux .ij. remply de deſeſpoir En ce lieu la tout
faché ſe vint rendre, .ij. tout faché ſe vint rédre Ayant cordeau à propos pour ſe
pendre .ij. Void le treſor l'eſchange à ſon licol L'uſurier viét qui ne trouuát q̃ prendre .ij.
Fors le cordeau .ij. ſe pédit par le col .ij. ſe pendit par le col.

E veux aymer ardantement Auſſi veux-je qu'egallement, On m'ayme d'une amour ardã
Les amantz ſi froitz en eſté   Admirateurs de chaſteté,   Et qui morfondus pettarqui-
te Toutz amytié froidement lente, Qui peut diſſimuler ſon bien Ou taire ſon mal ne vaut rien Car faire en amour
ſent Sont tousjours ſotz car ilz meſpriſēt, Amour q̃ de ſa nature eſt Ardãt & prõpt & à qui plaît, De faire q'unz a-
bonne mine De n'aymer point c'eſt le vray ſigne. De n'aymer point c'eſt le vray ſigne
mitié dure Quand elle tient de ſa nature.   Quand elle tient de ſa nature

A terre les eaux va buuant L'arbre la boit par sa ra-
cine La mer esparse boit le vent Et le soleil boit la marine, Le soleil
est beu de la lu- ne, Tout boit soit en haut ou en bas Suiuant ceste reigle cōmune, Pourquoy donc
ne burōs nous pas ne burōs nous pas Pourquoy dōc ne burōs nous pas Suiuant ceste reigle cōmune, Pourquoy dōc
ne burons nous pas. ne burons nous pas Pourquoy donc ne burōs nous pas

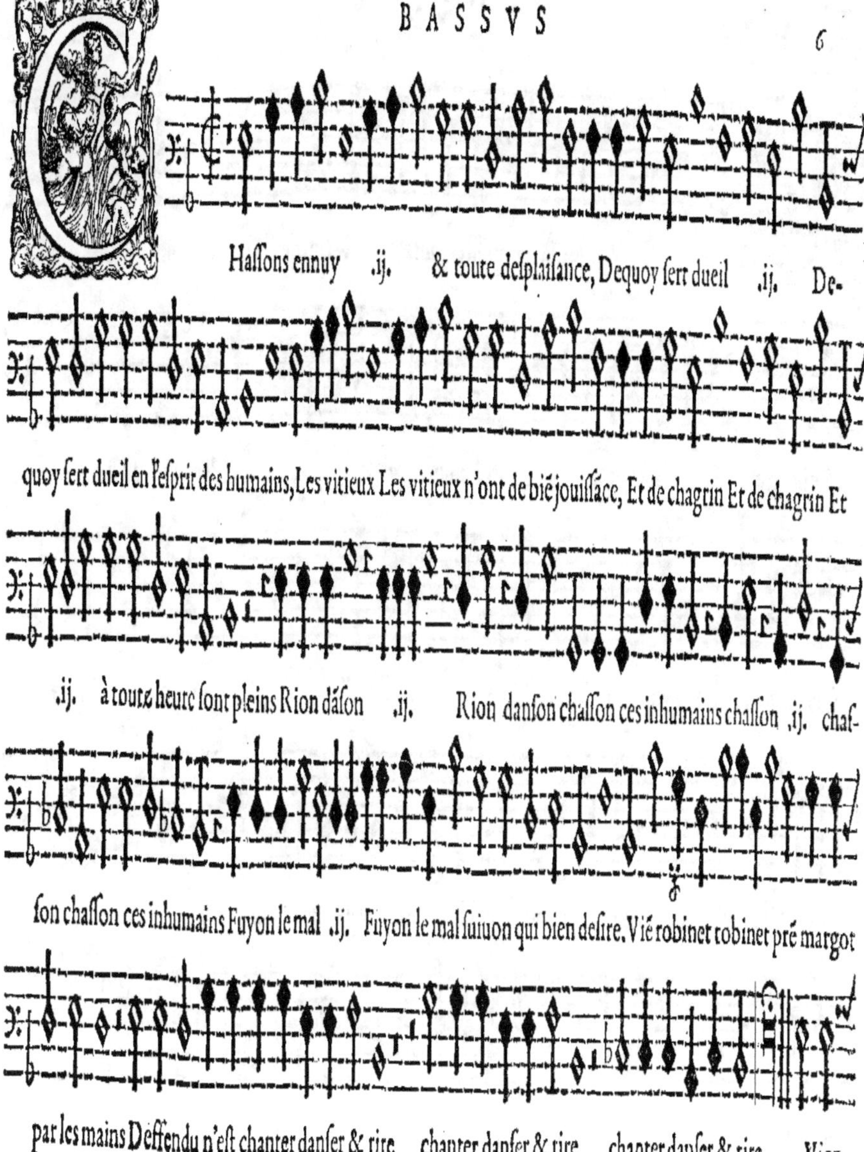

Haſſons ennuy .ij. & toute deſplaiſance, Dequoy ſert dueil .ij. De-
quoy ſert dueil en l'eſprit des humains, Les vitieux Les vitieux n'ont de biẽ jouiſſace, Et de chagrin Et de chagrin Et
.ij. à toutz heure ſont pleins Rion dãſon .ij. Rion danſon chaſſon ces inhumains chaſſon .ij. chaſſon chaſſon ces inhumains Fuyon le mal .ij. Fuyon le mal ſuiuon qui bien deſire. Viẽ robinet tobinet pré margot
par les mains Deffendu n'eſt chanter danſer & rire chanter danſer & rire chanter danſer & rire. Vien

B ij

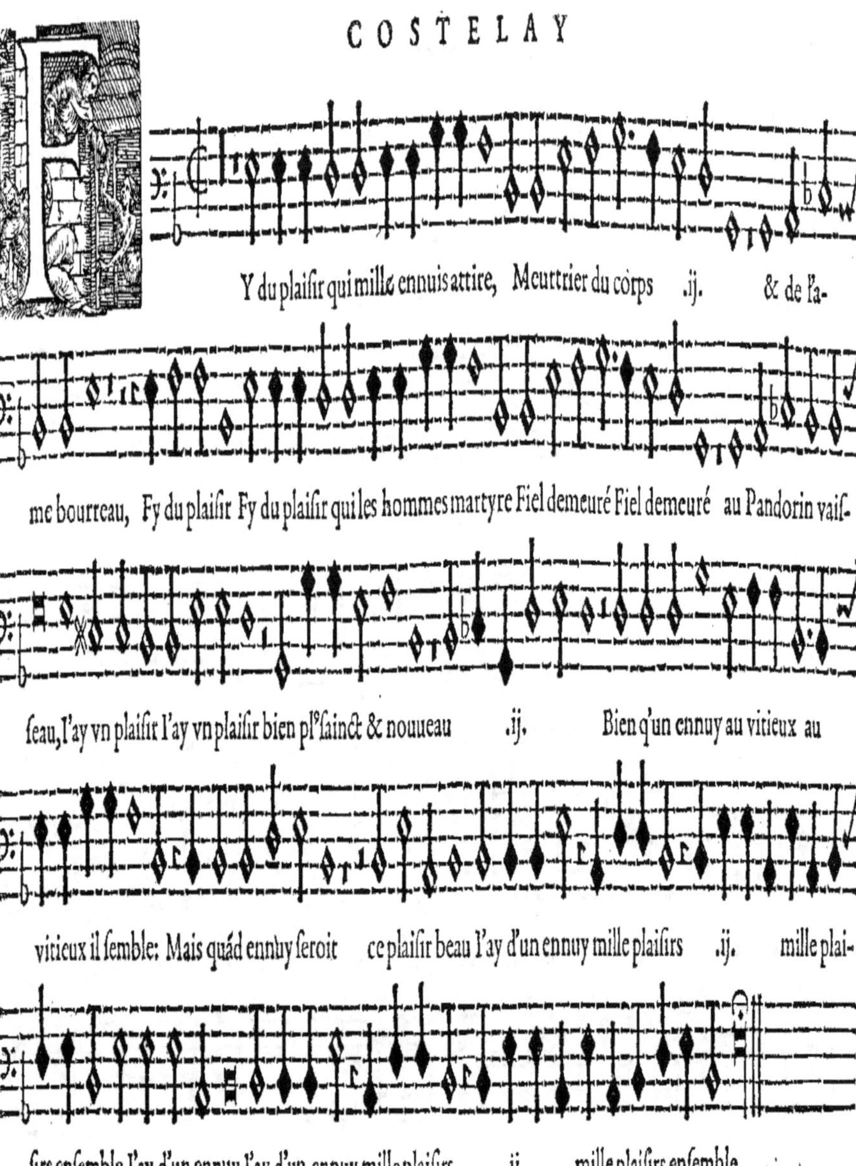
Y du plaisir qui mille ennuis attire, Meurtrier du corps .ij. & de l'a-
me bourreau, Fy du plaisir Fy du plaisir qui les hommes martyre Fiel demeuré Fiel demeuré au Pandorin vaif-
feau, I'ay vn plaisir I'ay vn plaisir bien pl°sainct & nouueau .ij. Bien qu'un ennuy au vitieux au
vitieux il semble: Mais quád ennuy seroit ce plaisir beau l'ay d'un ennuy mille plaisirs .ij. mille plaifirs ensemble. I'ay d'un ennuy l'ay d'un ennuy mille plaisirs .ij. mille plaisirs ensemble

fait mourir
tot vaincu

As faut il qu'on m'eſtime Legere comme vent, Et qu'on m'impute à crime Ai-
Comment eſt il poſſible De le garder d'aymer, Vne grace indicible Qu'on
mer fidellement, Ie n'y voy point d'offéce Quãd l'hõneur ſeulemét Y fait ſa
ne peut eſtimer, Mais dire il la faut telle Et hardiment nommer Digne d'eſ-
reſidence. Ie n'y voy point d'offence Quãd l'hõneur ſeulement Y fait ſa reſidence
tre immortelle. Mais dire il la faut telle Et hardiment nommer Digne d'eſtre immortelle

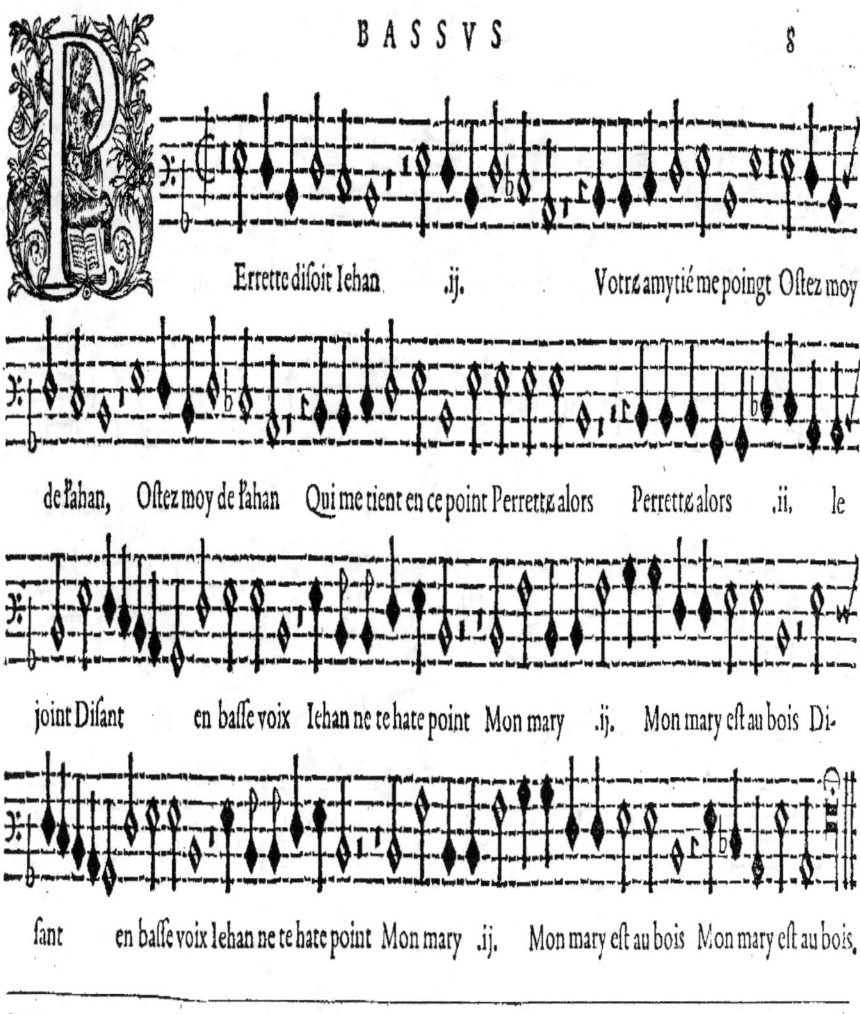

Errette difoit Iehan .ij. Votre amytié me poingt Oftez moy
de l'ahan, Oftez moy de l'ahan Qui me tient en ce point Perrette alors Perrette alors .ii. le
joint Difant en baffe voix Iehan ne te hate point Mon mary .ij. Mon mary eft au bois Difant en baffe voix Iehan ne te hate point Mon mary .ij. Mon mary eft au bois Mon mary eft au bois.

Villot vn jour eftant deliberé   Auec fa femme emmy vn champ befongne,
emmy vn champ befongne,   'fr'   Madame alors qui venoit de fon pré L'auife la,& Guillot
ne feflongne,   & Guillot ne feflongne   .ij.   Cóment Cóment dit elf voyant cefte befongne   Ie befongnois dit il fil vous en plait   Elle refqond(qui point ne fut marrye)He dónez m'en He donnez
m'en Guillot   .ij.   je vous en prie   Elle refpond qui point ne fut marrye He donnez

I quelque ennuy fur moy faffemble Et au Seigneur j'aye recours, Mille hómes alors mis en-
femble, Ne me feroyét cháger de cours Si prés ou loin je vois ou cours Accópagné feul de fa grace,   Ie ne veux
point d'autre fecours Pour me faire gaigner la place.

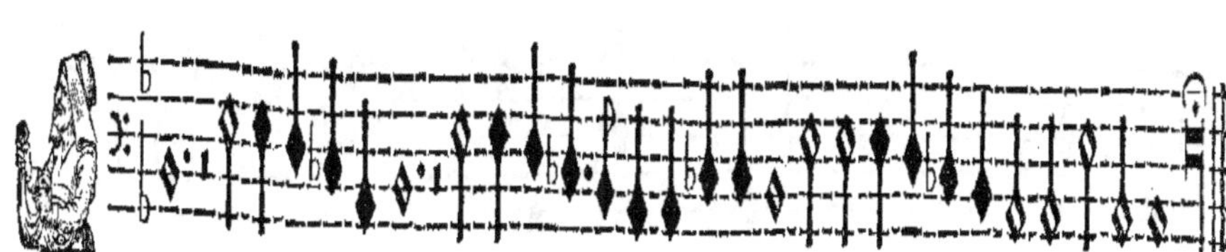
m'en He dónez m'en Guillot He dónez m'é Guillot je vous en prie He dónez m'en Guillot je vous en prie

C

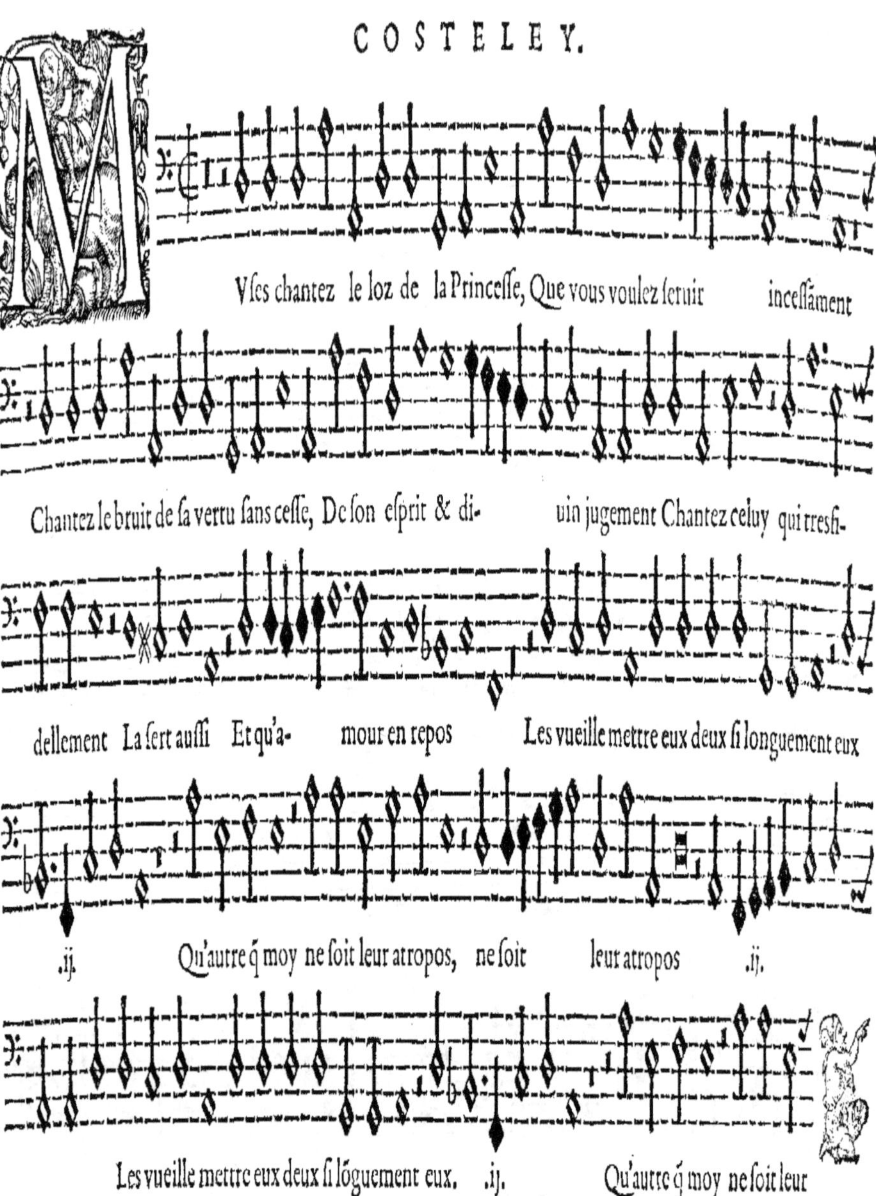
Vses chantez le loz de la Princesse, Que vous voulez seruir incessament
Chantez le bruit de sa vertu sans cesse, De son esprit & di- uin jugement Chantez celuy qui tresfi-
dellement La sert aussi Et qu'a- mour en repos Les vueille mettre eux deux si longuement eux
.ij. Qu'autre q̃ moy ne soit leur atropos, ne soit leur atropos .ij.
Les vueille mettre eux deux si lõguement eux. .ij. Qu'autre q̃ moy ne soit leur

E plains le tems de ma jeuneſſe folle: Ie plains le iour que je fuz à l'eſcolle
Ie plains la loy que de luy j'ay reçeuë, Ie plains que quád injuſte je l'ay ſçuë
De ce faux dieu qui tous les ſiens affolle, De. .ij. Ie plains l'amour qu'il à de moy ti-
Ma peine encor' je n'ay point apperçeuë, Ma, .ij. Voila mon dueil & ce qui me tor-
rée. Ie plain la foy que je luy ay juré- e: Et que pluſtoſt ne ſ'en ay retirée.
mente, Mais j'ay depuis compris vne autre attente, En lieu tant ſeur que ma foy ſ'en contente.
atropos ne ſoit leur atropos .ij. ne ſoit leur atropos
C ij

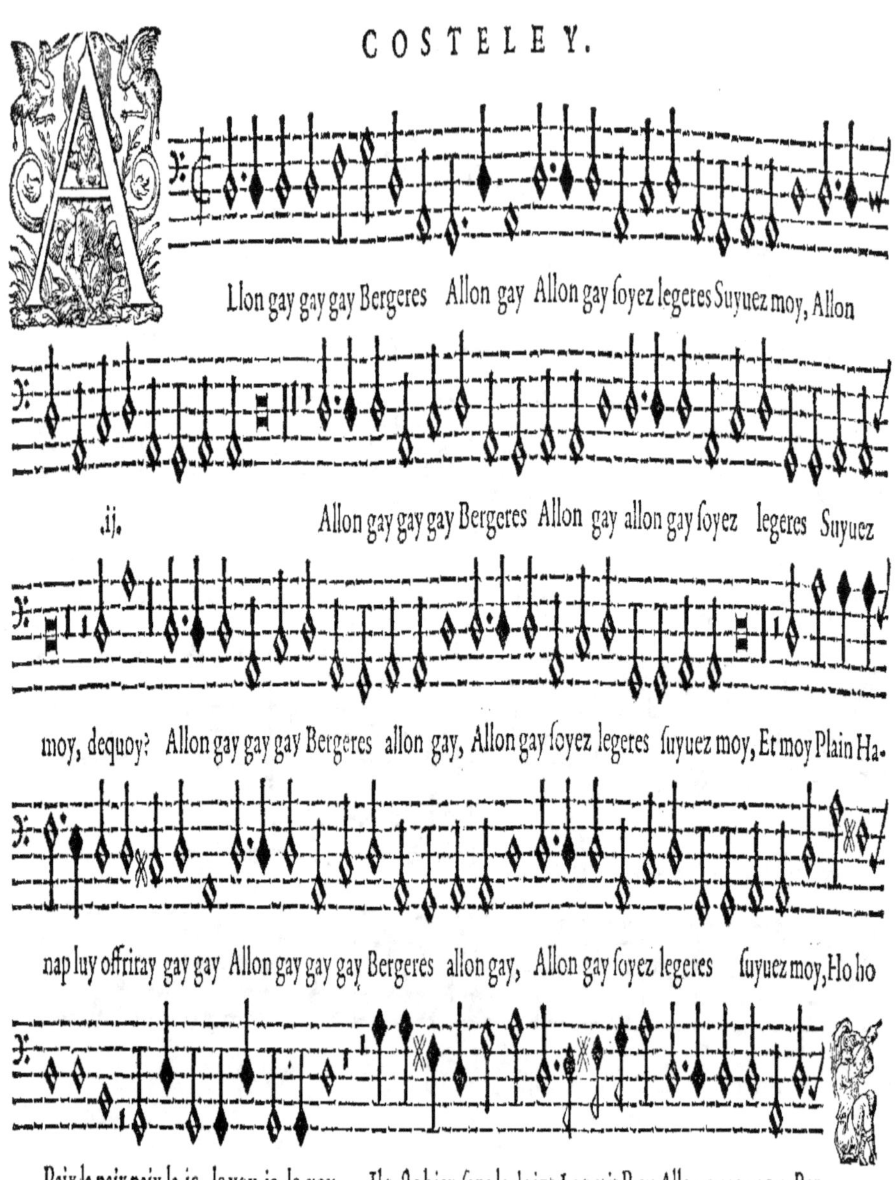
Llon gay gay gay Bergeres   Allon gay   Allon gay foyez legeres Suyuez moy, Allon
.ij.   Allon gay gay gay Bergeres Allon gay allon gay foyez   legeres Suyuez
moy, dequoy? Allon gay gay gay Bergeres allon gay, Allon gay foyez legeres fuyuez moy, Et moy Plain Ha-
nap luy offriray gay gay Allon gay gay gay Bergeres allon gay, Allon gay foyez legeres   fuyuez moy, Ho ho
Paix la paix paix la je le voy je le voy   Il refte bien fans le doigt Le petit Roy Allon gay gay gay Ber-

Mour Amour amour tu fais de noz cœurs A ton gré & fantasie, Tu les repais de rigueurs
Puis soudain de courtoisie, Et de fiel & d'ambrosie Qui sõt cõtraires liqueurs Tu fais les vaïcus vaïqueurs Tu e-
xalte & humilie Bref en plaisirs ou labeurs Amour .ij. tu lie & deslie. tu lie & deslie & deslie.
geres allon gay, Allon gay soyez legeres Le Roy boit le Roy boit.

C iij

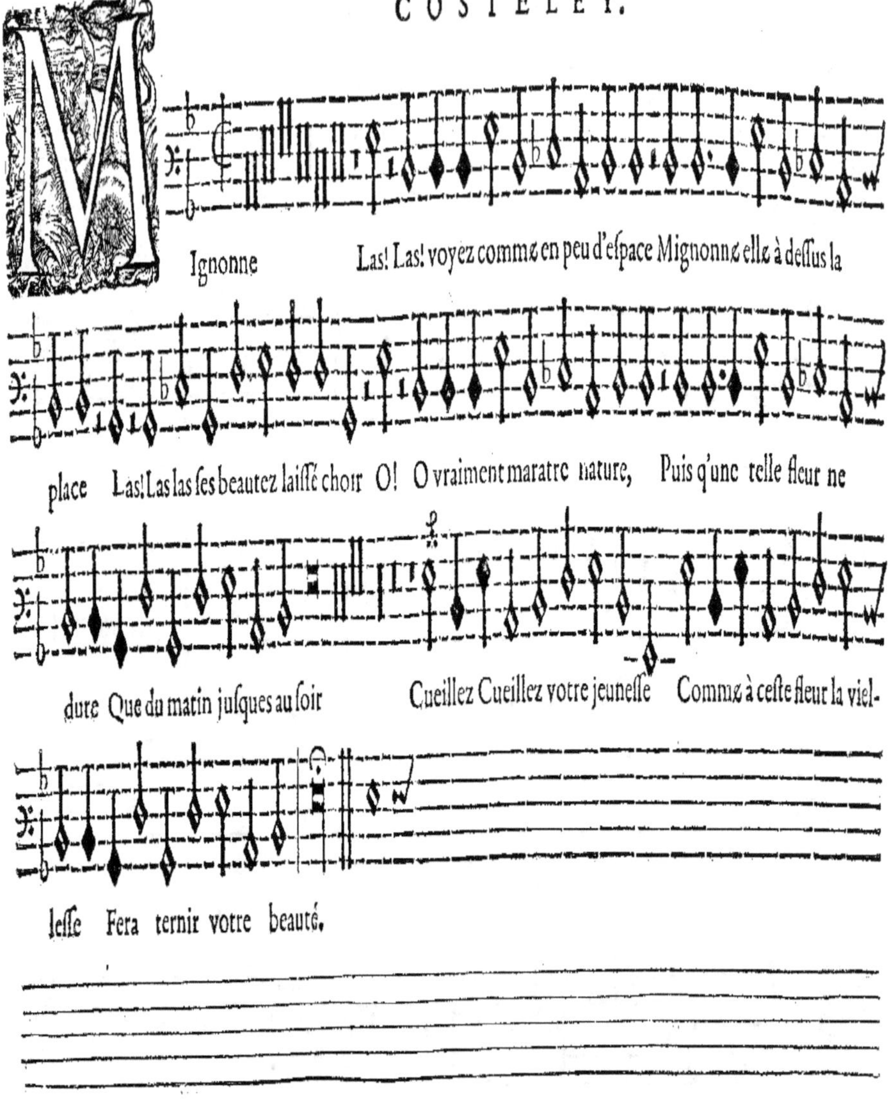

Ignonne
Las! Las! voyez comme en peu d'espace Mignonne elle à dessus la
place Las! Las las ses beautez laissé choir O! O vraiment maratre nature,
Puis q'unc telle fleur ne
dure Que du matin jusques au soir
Cueillez Cueillez votre jeunesse Comme à ceste fleur la viel-
lesse Fera ternir votre beauté.

'Ennuy le dueil la peine & le martyre, Que je reçoy si fort mon cœur empi-
re, Que si bien tost je ne te voy m'amye, En peu de jours je finiray ma vie. Que si bien tost je
ne te voy m'amye En peu de jours je finiray ma vie.

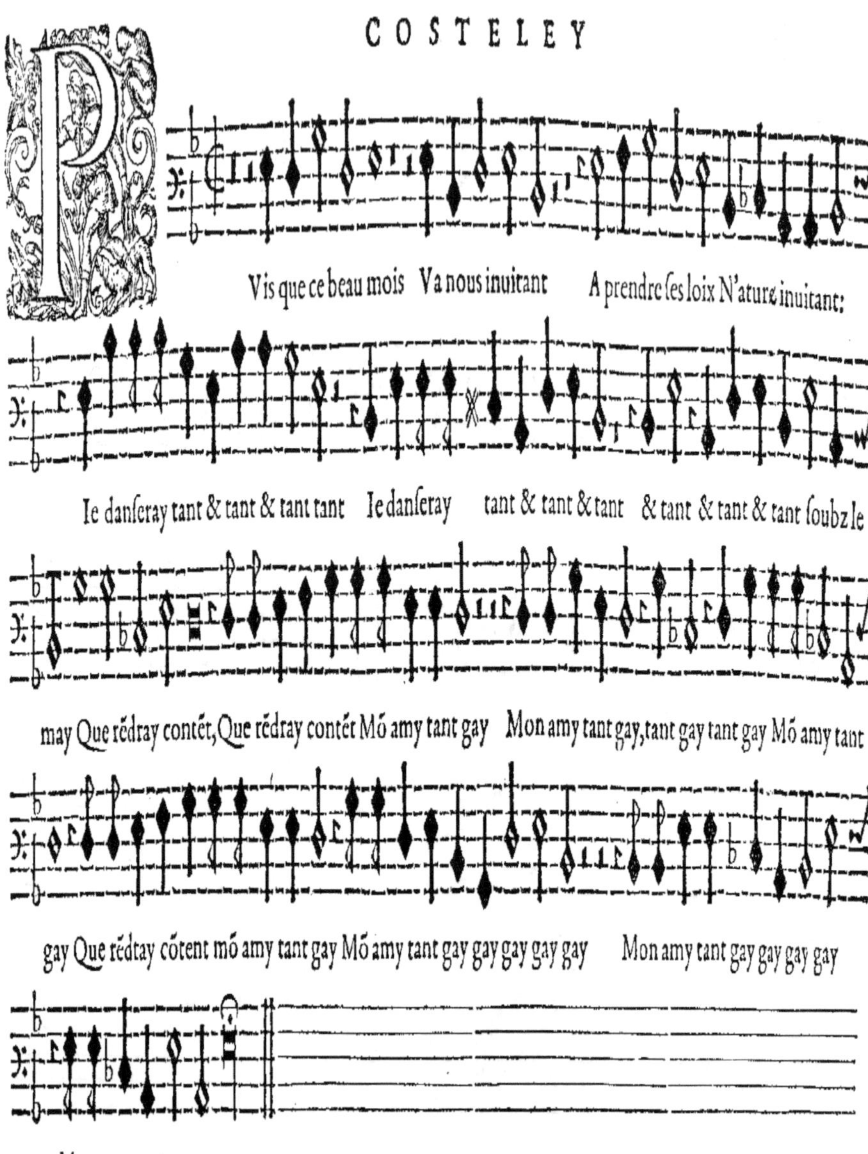

Vis que ce beau mois Va nous inuitant A prendre ses loix N'ature inuitant:
Ie danseray tant & tant & tant tant Ie danseray tant & tant & tant & tant & tant & tant soubz le
may Que redray contét, Que redray contét Mó amy tant gay Mon amy tant gay, tant gay tant gay Mó amy tant
gay Que redtay cótent mó amy tant gay Mó amy tant gay gay gay gay gay Mon amy tant gay gay gay gay
Mon amy tant gay gay gay

Y c'eſt vn grief tourmét que d'aymer ſans parti Ceux le teſmoygneront qui en ſont langou-
Mais mó tourmét eſt bien ſur autre point baſti, Et plus que nul amant je me voy malheureux, reux Car on m'aymɇ à légal Que je ſuis amoureux, Mais tant nous eſt le ſort Et fortu-
nɇ aduerſaire, Que madame ne peut Voulant ce que je veux à ſon juſte deſir n'y au mien
ſa- tiſfaire, O miſerable amour! helas mort vien parfaire En nous ce que ſon feu mutuel ne peut pas,
Nous joygnát l'un à l'autre Aumoins par vn treſpas. .ij. D

Vs debout Sus debout ſus debout debout Sus debout Gentilz Paſteurs L'Ange du grand
Dieu vous ſonne Il vient nôcer en voz cœurs Du ciel la nouuelle bonne Sus debout Sus debout debout Sus debout gétilz Paſteurs L'Ange du grâd Dieu vo'ſône vous ſône La Paix en terre il nous dône, Sus Sus que Dieu ſoit lou-
él Et que bien haut l'on reſonne Le treſſaint nom de Noé Noé Au moyen d'une Pucelle, Que l'a-
mour de Dieu enceict Sainctemét parfaicte & belle Rompt le nœud de la querelle Que Sathan auoit noué: Sus donc

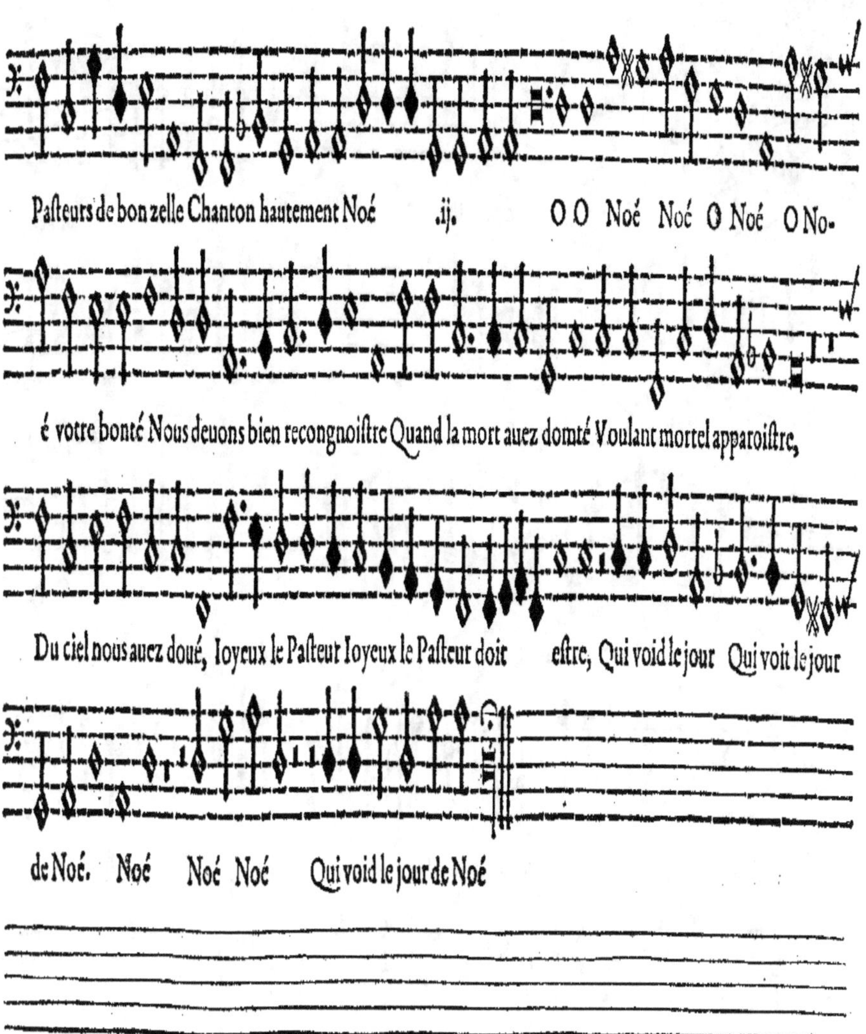
Pasteurs de bon zelle Chanton hautement Noé .ij. O O Noé Noé O Noé O No-
é votre bonté Nous deuons bien recongnoistre Quand la mort auez domté Voulant mortel apparoistre,
Du ciel nous auez doué, Ioyeux le Pasteur Ioyeux le Pasteur doit estre, Qui void le jour Qui voit le jour
de Noé. Noé Noé Noé Qui void le jour de Noé

D ij

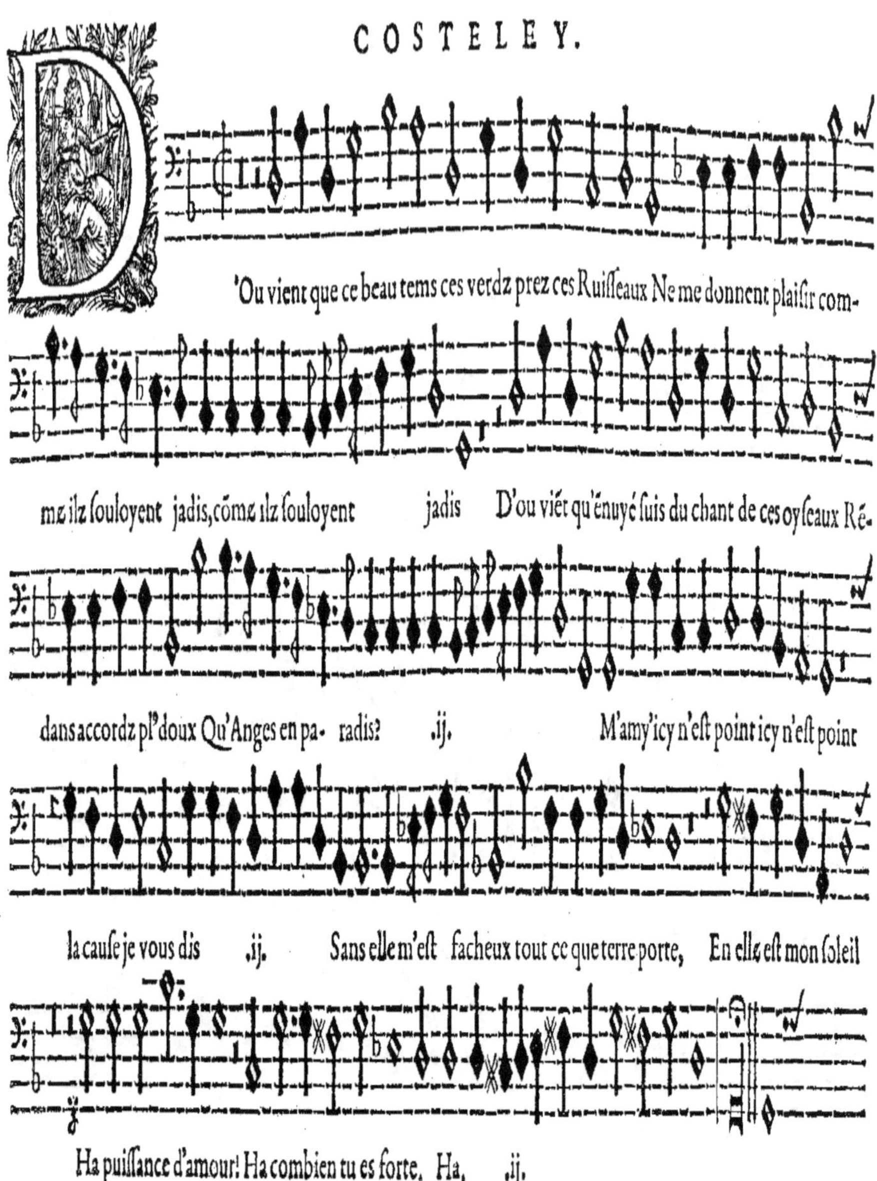
'Ou vient que ce beau tems ces verdz prez ces Ruiffeaux Ne me donnent plaifir com-
mæ ilz fouloyent jadis, cômæ ilz fouloyent jadis D'ou viét qu'énuyé fuis du chant de ces oyfeaux Ré-
dans accordz pl°doux Qu'Anges en pa- radis? .ij. M'amy'icy n'eft point icy n'eft point
la caufe je vous dis .ij. Sans elle m'eft facheux tout ce que terre porte, En elle eft mon foleil
Ha puiffance d'amour! Ha combien tu es forte. Ha, .ij.

E beau temps me fait resjouir, resjouir, Ce beau tems me fait me fait resjouir Et me dit
que deſſus deſſus le verd, Au joly bois .ij. tout à couuert De noz amours De noz amours irons jouir
Sus donc Margot allons ouïr Du Roſſignol le doux meſlange Marche Robin Ie veux Ie veux mourir Si
je ne luy rēdz bien ſon chãge, je ne luy rendz bien ſon chãge Ie veux mourir Si je ne luy rēdz bien ſon
chãge. ie ne luy rendz bien ſon chãge.

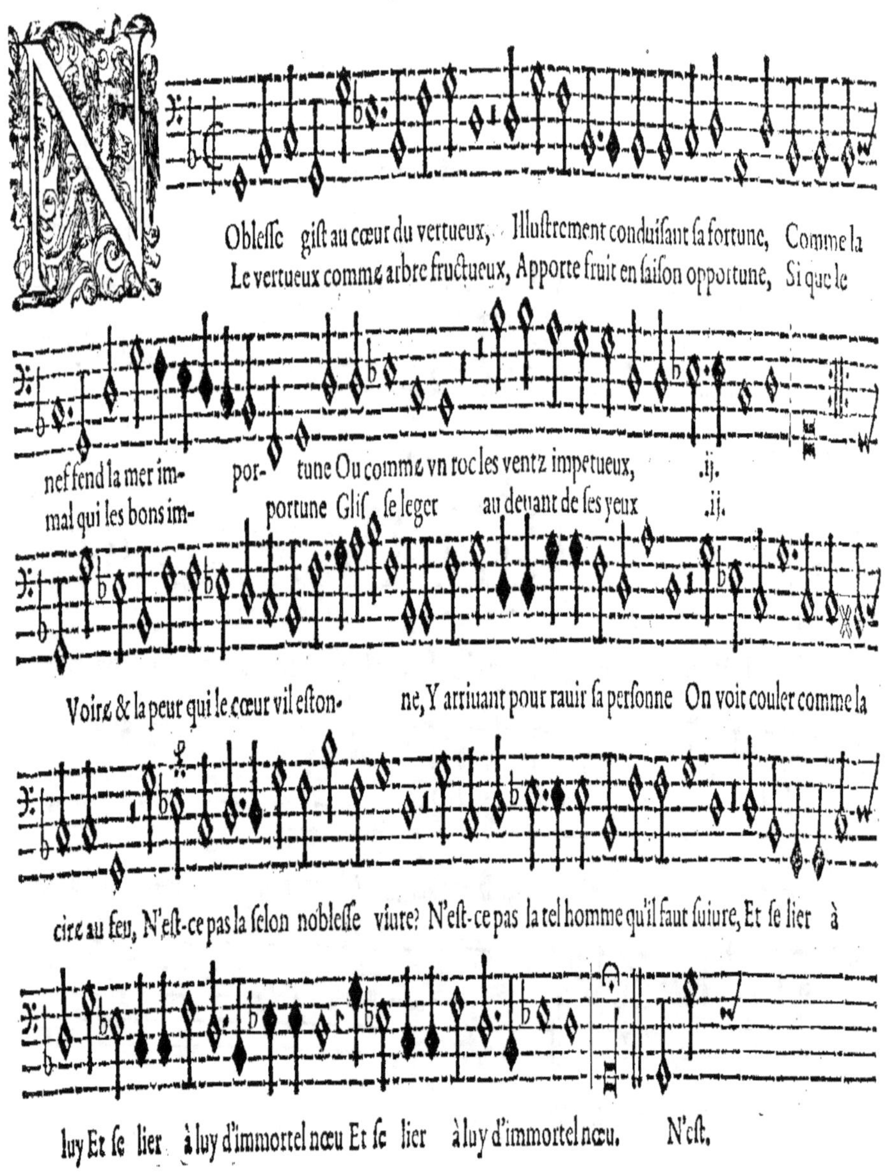
Oblesse gist au cœur du vertueux, Illustrement conduisant sa fortune, Comme la
Le vertueux comme arbre fructueux, Apporte fruit en saison opportune, Si que le
nef fend la mer im-
mal qui les bons im-
por-
tune Ou comme vn roc les ventz impetueux, .ij.
portune Glis se leger au deuant de ses yeux .ij.
Voire & la peur qui le cœur vil eston-
ne, Y arriuant pour rauir sa personne On voit couler comme la
cire au feu, N'est-ce pas la selon noblesse viure? N'est-ce pas la tel homme qu'il faut suiure, Et se lier à
luy Et se lier à luy d'immortel nœu Et se lier à luy d'immortel nœu. N'est.

Ve de paſſions & douleurs Pour vne Bergere je porte, Pour.   .ii.

Tout cela ne me reconforte: Ie vois diſtillant par mes pleurs
Ont ouuert de mõ cœur la porte   Puis tout ſoudaï voz grãdz rigueurs   Fy de paſſions
Affin que la rigueur en forte   Sus Sus fuyez de moy malheurs

& douleurs Car la Bergere   me conforte Car.   .ij.

Lle craint l'esperon Tant chatouilleuse Tant chatouilleuse la chair a Elle
craint Elle craint l'esperon Tant chatouilleuse Tant chatouilleuse la chair a, Mais le vouloir est
bon Mais le vouloir est bon .ij. Iamais restifue Iamais restifue ne sera Mais le vouloir Mais le vouloir est bon Iamais Iamais Iamais restif- ue ne sera Montez dessus .ij. gallopez
la Courez, courez, courez marchez le pas .ij. Faites luy ce qui vous plaira Faites luy .ij.

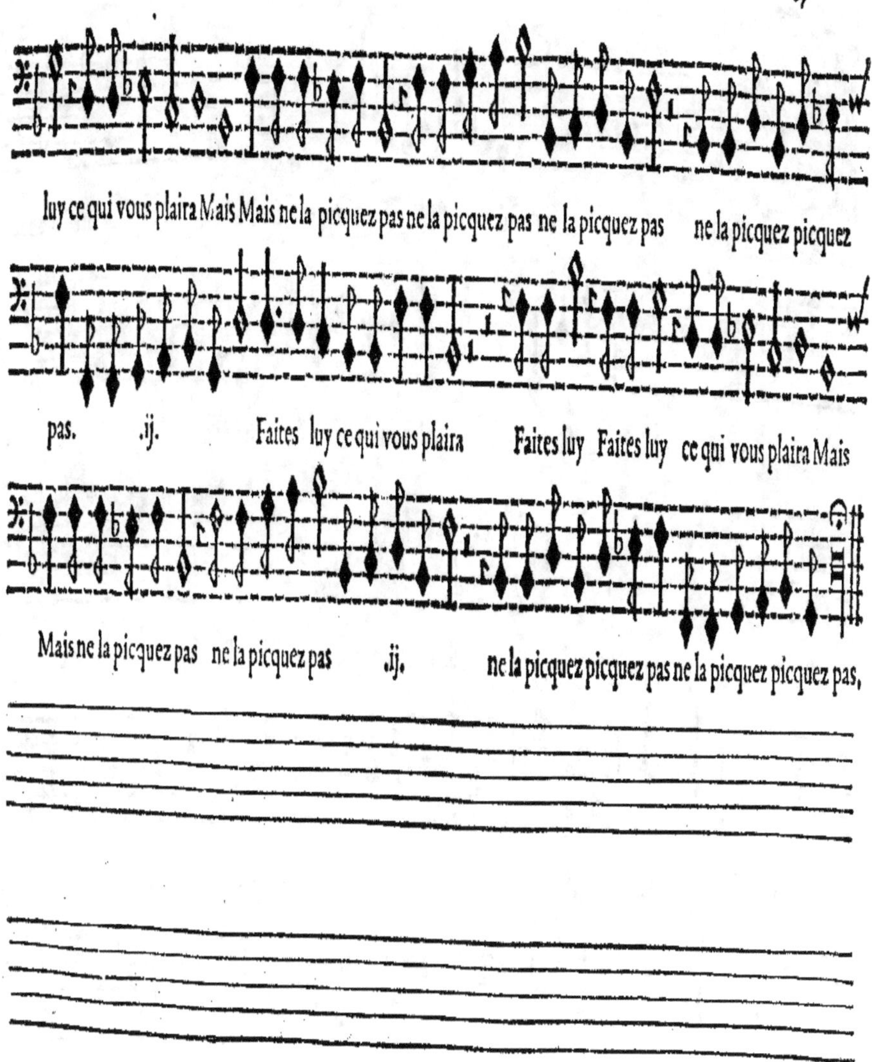
luy ce qui vous plaira Mais Mais ne la picquez pas ne la picquez pas ne la picquez pas   ne la picquez picquez
pas.   .ij.   Faites luy ce qui vous plaira   Faites luy Faites luy ce qui vous plaira Mais
Mais ne la picquez pas ne la picquez pas   .ij.   ne la picquez picquez pas ne la picquez picquez pas,

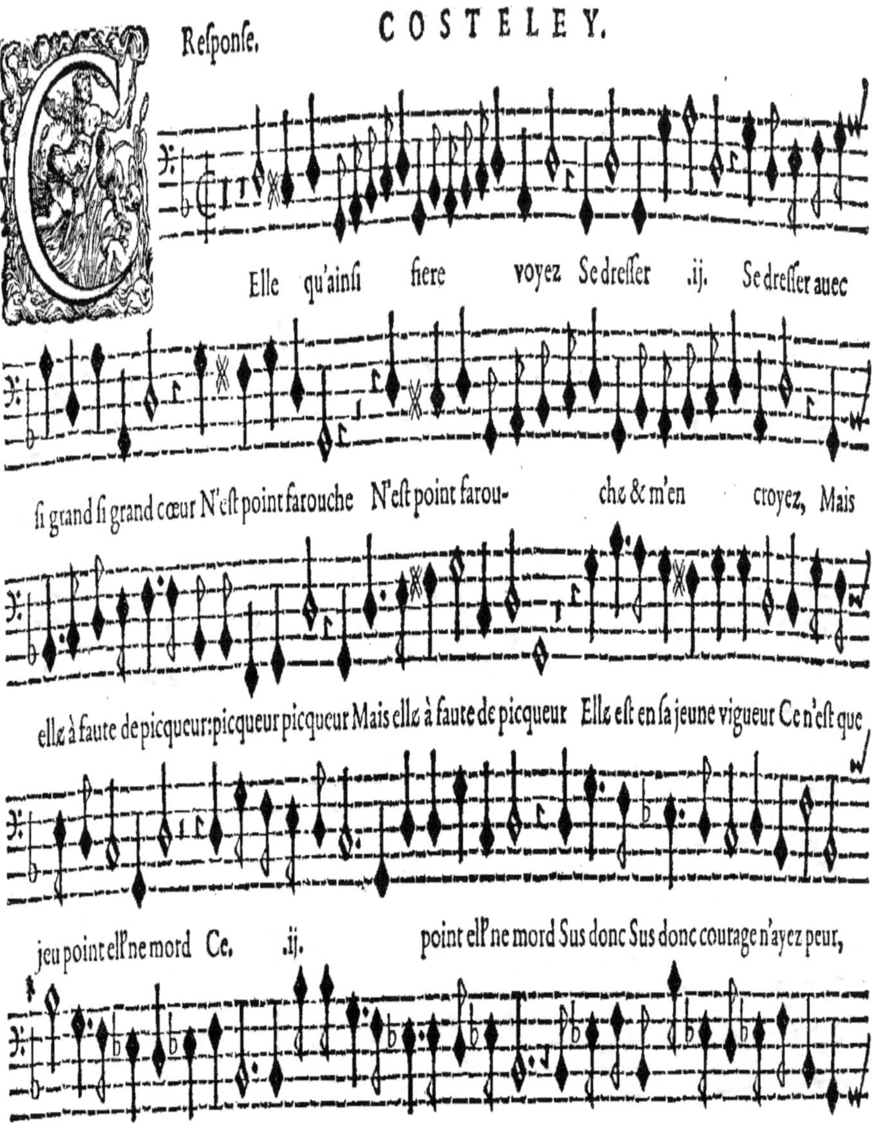
Elle qu'ainſi fiere voyez Se dreſſer .ij. Se dreſſer auec
ſi grand ſi grand cœur N'eſt point farouche N'eſt point farouche & m'en croyez, Mais
ellæ à faute de picqueur: picqueur picqueur Mais ellæ à faute de picqueur Ellæ eſt en ſa jeune vigueur Ce n'eſt que
jeu point elľ ne mord Ce. .ij. point elľ ne mord Sus donc Sus donc courage n'ayez peur,
Sus donc courage n'ayez peur Montez deſſus & picquez picquez fort & picquez fort & picquez picquez fort Mõ-

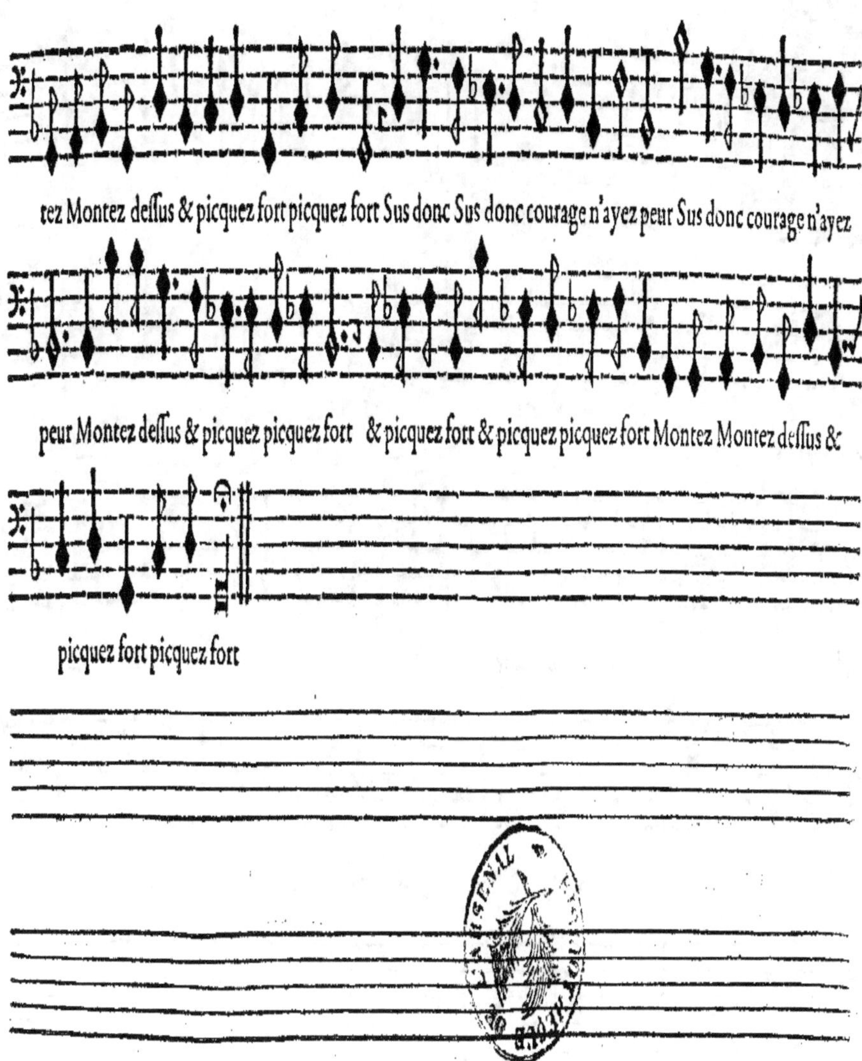
tez Montez deſſus & picquez fort picquez fort Sus donc Sus donc courage n'ayez peur Sus donc courage n'ayez
peur Montez deſſus & picquez picquez fort   & picquez fort & picquez picquez fort Montez Montez deſſus &
picquez fort picquez fort

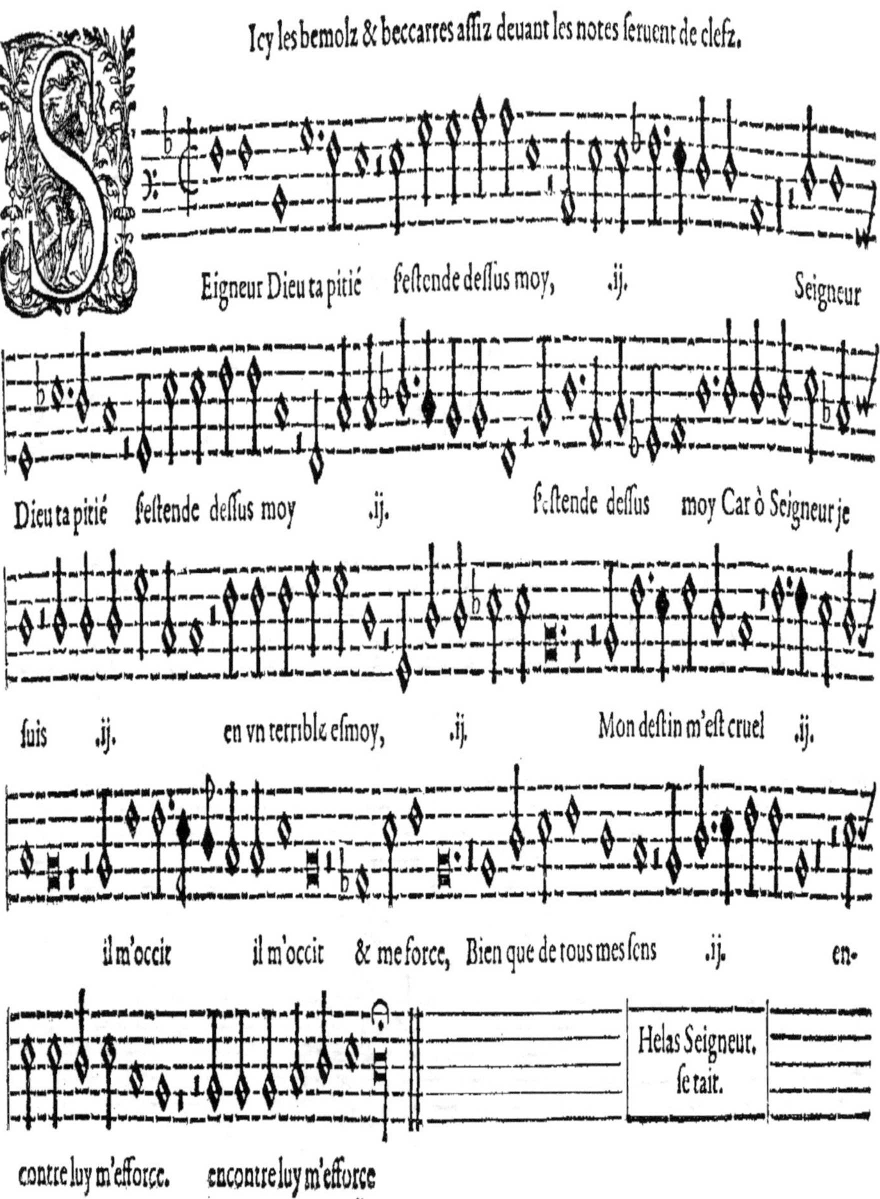

Icy les bemolz & beccarres affiz deuant les notes seruent de clefz.
Eigneur Dieu ta pitié eftende deffus moy, .ij. Seigneur
Dieu ta pitié eftende deffus moy .ij. eftende deffus moy Car ò Seigneur je
fuis .ij. en vn terrible efmoy, .ij. Mon deftin m'eft cruel .ij.
il m'occit il m'occit & me force, Bien que de tous mes fens .ij. en-
Helas Seigneur.
fe tait.
contre luy m'efforce. encontre luy m'efforce

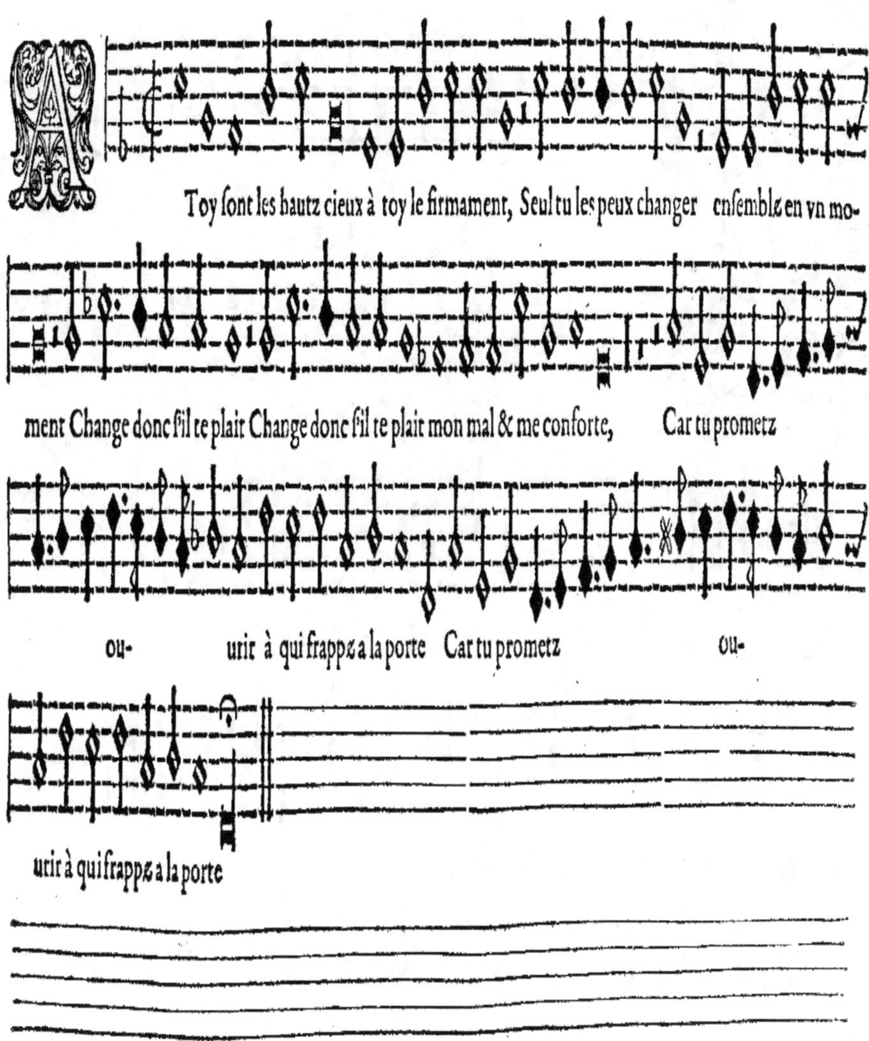
Toy sont les hautz cieux à toy le firmament, Seul tu les peux changer ensemble en vn mo-
ment Change donc s'il te plaist Change donc s'il te plaist mon mal & me conforte, Car tu prometz
ou-   urir à qui frappe a la porte Car tu prometz   ou-
urir à qui frappe a la porte

E iij

As je n'yray plus je n'yray pas Las Las ie n'yray

plus je n'yray pas je n'yray plus jouër au boys Las je n'yray

plus je n'yray pas jouër Las je n'yray plus jouër jouër au boys Hier au matin m'y leuay .ij.

En notre jardin entray je n'yray plus je n'yray pas Las Helas Helas Helas je n'yray pas He-

las ie n'yray plus je n'yray pas ie n'yray plus jouër au boys jouer jouër au boys En notre jardin entray

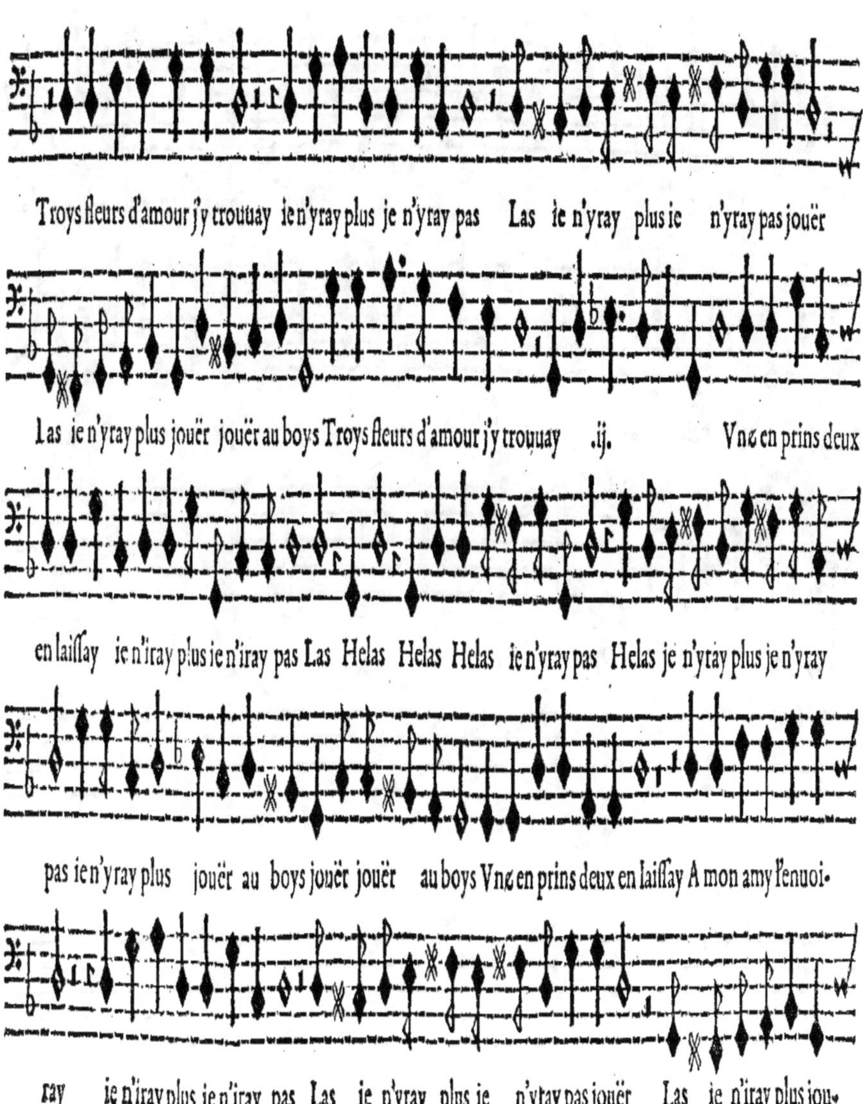
Troys fleurs d'amour j'y trouuay ie n'yray plus je n'yray pas Las ie n'yray plus ie n'yray pas jouër
Las ie n'yray plus jouër jouër au boys Troys fleurs d'amour j'y trouuay .ij. Vnœ en prins deux
en laiſſay ie n'iray plus ie n'iray pas Las Helas Helas Helas ie n'yray pas Helas je n'yray plus je n'yray
pas ie n'yray plus jouër au boys jouër jouër au boys Vnœ en prins deux en laiſſay A mon amy ſenuoi-
ray ie n'iray plus ie n'iray pas Las ie n'yray plus ie n'yray pas jouër Las ie n'iray plus jou-

ër iouër au boys A mon amy l'enuoyray, A.   .ij.   Qui sera joyeux & gay gay gay joyeux &
gay Las helas   helas helas je n'yray pas helas je n'yray plus je n'yray pas ie n'yray plus jouer au
boys jouër au boys jouër au boys

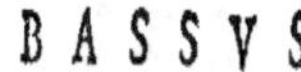

Autrier priay de danfer .ij. de danfer de danfer de danfer deux fil-
lettes, Ie luy refpondz ma dame j'ay argent ma. .ij. Alors me dit la mignonn au corps
gent Danfon danfon danfon danfon danfon danfon danfon danfon danfon puis
qu'auons des fonnettes. A-

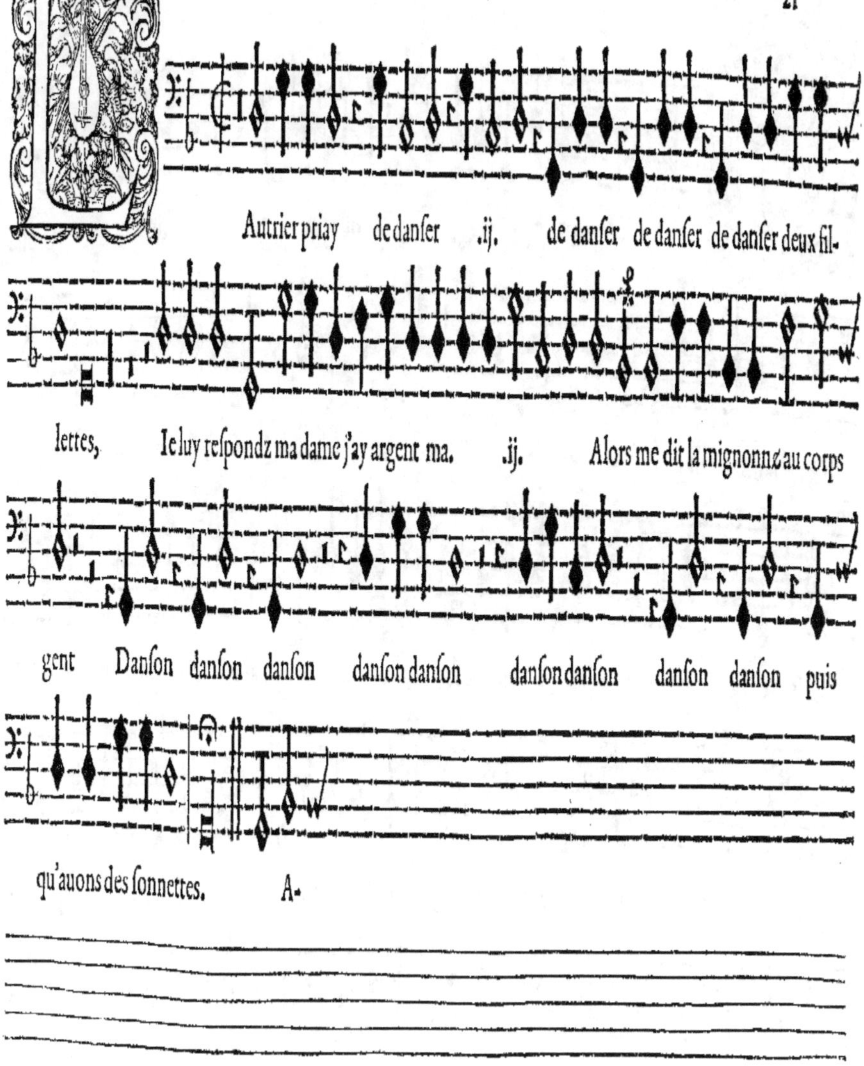

F

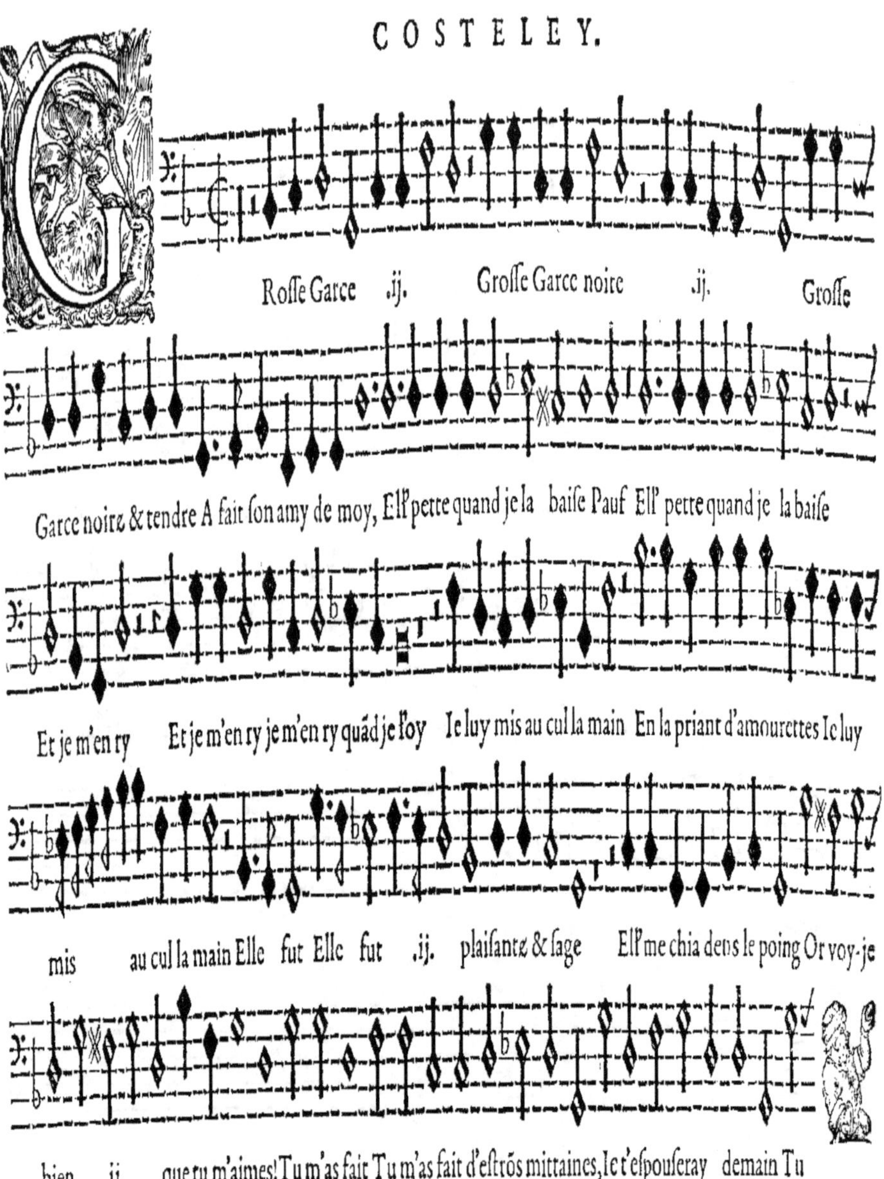

Roſſe Garce .ij. Groſſe Garce noire .ij. Groſſe
Garce noirz & tendre A fait ſon amy de moy, Ell' pette quand je la baiſe Pauf Ell' pette quand je la baiſe
Et je m'en ry Et je m'en ry je m'en ry quád je ſoy Ie luy mis au cul la main En la priant d'amourettes Ie luy
mis au cul la main Elle fut Elle fut .ij. plaiſantz & ſage Ell' me chia dens le poing Or voy-je
bien .ij. que tu m'aimes! Tu m'as fait Tu m'as fait d'eſtrõs mittaines, Ie t'eſpouſeray demain Tu

Sprit doux de bonne nature   Qui cherchez l'amitié qui dure,   Voyez & retenez com-
Congnoissez auant que d'eslire   Esprouuez auant que de dire,   Et jamais ne vous decla-

ment Elle   viura si longuement, Que l'amour ainsi commencée, Ne sera   jamais delaissé-   e.
rez Iusques à tant que vous aurez, Quelque certaine cognoissance, Qu'estes aymé en recompen-   se.

m'as fait Tu m'as fait d'estrons mittaincs Ie t'espouseray   demain. Ie t'espouseray   demain

F ij

Outes les nuitz .ij. je ne penſe qu'en celle, Qui à le corps plus gent qu'u-
ne pucelle De qu'atorze ans ſur le point d'enrager ſur le point d'enrager Et au dedens le cœur le moins leger,
Qui oncques fut pour vne damoyſelle: Qui oncques fut pour vnc damoyſelle: Quand à ſon cœur je l'ay en ma cor-
delle Et ſon mary n'a ſinon le corps d'elle, Mais toutefois quand il voudra cháger Préne ſon cœur & pour me
foulager l'auray pour moy le gent corps de la belle l'auray pour moy le gent corps de la belle Toutes les nuitz.

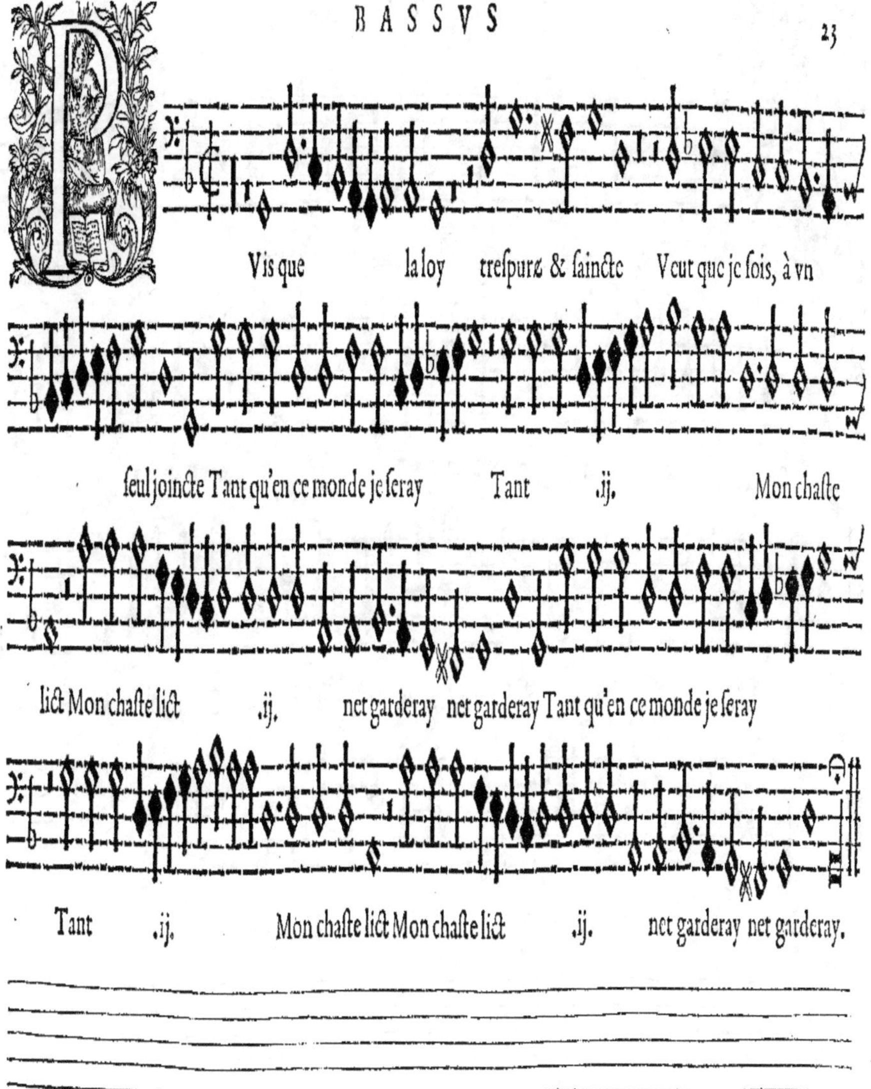
Vis que   la loy   trespurz & saincte   Veut que je fois, à vn
feul joincte Tant qu'en ce monde je feray   Tant   .ij.   Mon chaste
lict Mon chaste lict   .ij.   net garderay net garderay Tant qu'en ce monde je feray
Tant   .ij.   Mon chaste lict Mon chaste lict   .ij.   net garderay net garderay.

F iij

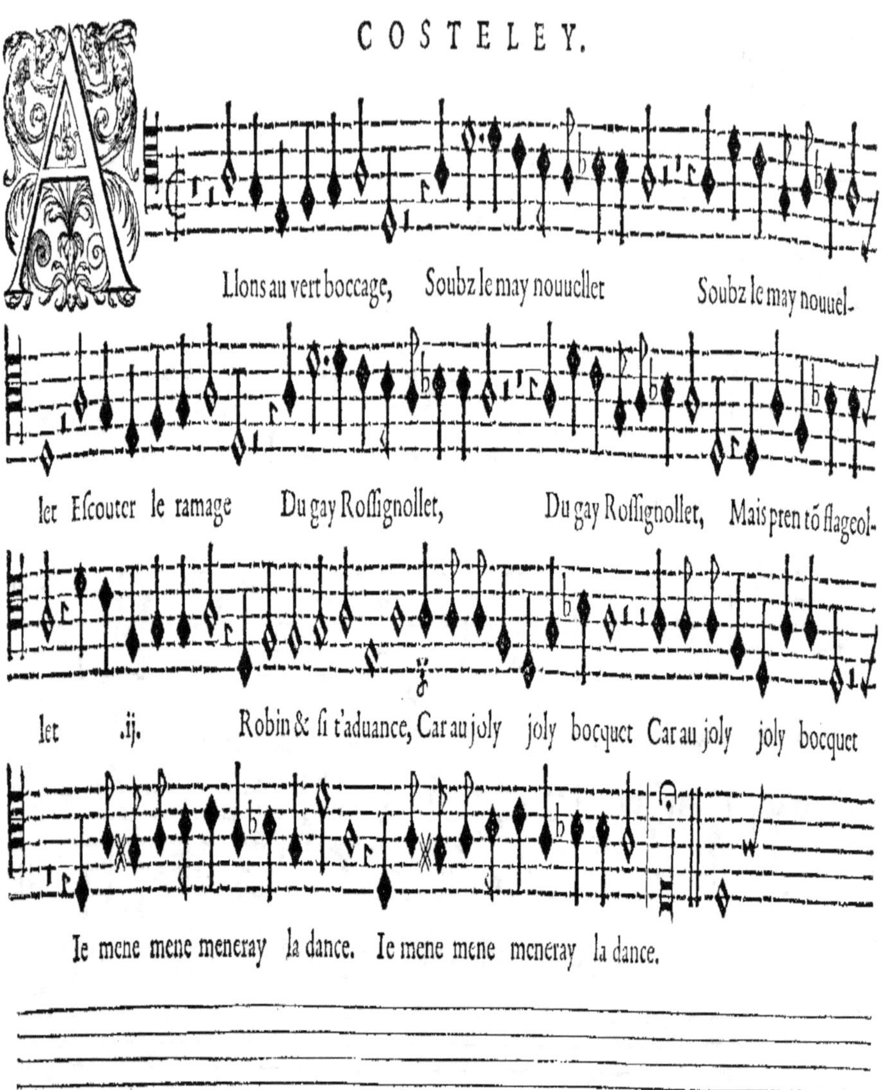
Llons au vert boccage,   Soubz le may nouueller   Soubz le may nouuel-
let Escouter le ramage   Du gay Rossignollet,   Du gay Rossignollet,   Mais pren tő flageol-
let   .ij.   Robin & si t'aduance, Car au joly   joly bocquet   Car au joly   joly bocquet
Ie mene mene meneray la dance.   Ie mene mene meneray la dance.

Ouche qui n'as point de semblable Au jugement de mes deux yeux, Bouche en beauté trop admirable, Qui à baiser semondz les dieux: Baise moy puis q je n'ay mieux Baise moy puis que
je n'ay mieux Croissant le feu de mon mar- tyre, Ou renuoy' doucement aux cieux L'ame qui
tant L'ame qui tant pour toy soupire. Ou renuoy' doucement aux cieux L'ame qui tant .ij.
pour toy soupire.

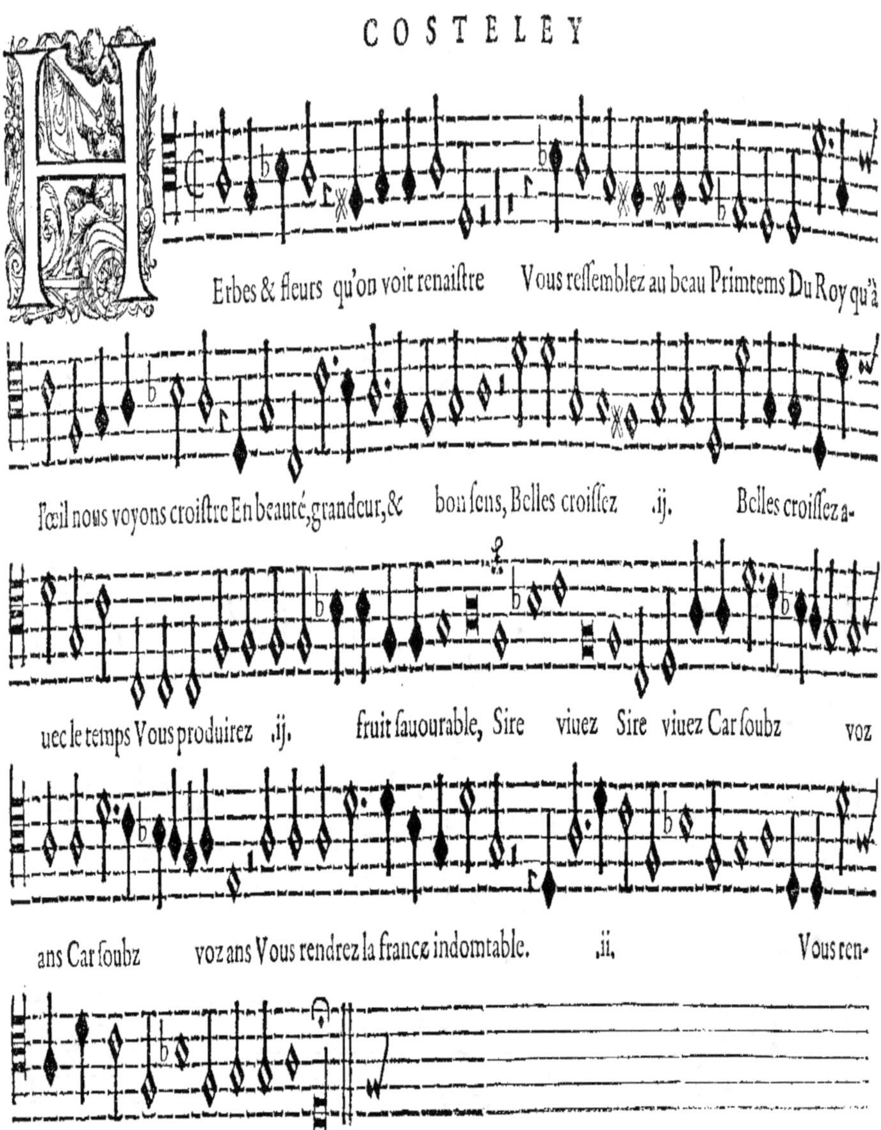

Erbes & fleurs qu'on voit renaistre Vous ressemblez au beau Primtems Du Roy qu'à
l'œil nous voyons croistre En beauté, grandeur, & bon sens, Belles croissez .ij. Belles croissez a-
uec le temps Vous produirez .ij. fruit sauourable, Sire viuez Sire viuez Car soubz voz
ans Car soubz voz ans Vous rendrez la france indomtable. .ii. Vous rendrez Vous rendrez la france indomtable.

E clerc d'un aduocat trouua Vn jour ma dame fur vn lit,   .ij.   fur
vn lit   Lequel tout foudain f'efprouua Luy dōner en dormāt deduit   .ij.   La dame f'efueille au conflict, La dame f'efueille au cōflict Qui f'efcria je   le diray   je le diray   Ha donc dit il   .ij.   je
m'en iray Sans paracheuer   le furplus,   .ij.   Va va dit elle non feray non feray   Va
va dit elle non feray Acheue mais n'y reuien plus Acheue mais n'y reuien plus.   .ij.   Acheue

G

E jeu le riz le passetemps   .ij.   De Colin .ij.   De Colin auec
sa mignonne, Que je vi n'y à pas long tems Que je vi Que je vi n'y à pas long tems Feroyent rauir .ij.   Feroyent rauir vne personne   Car sçauez vous cóme il fredonne, Car sçauez vous cóme il fredonne Les basses
marches du clauier,   Pour quatre coups dix il en donne   il en donne Il est bon ouurier   du mestier   Il
est Il est bon ouurier du mestier   .ij.

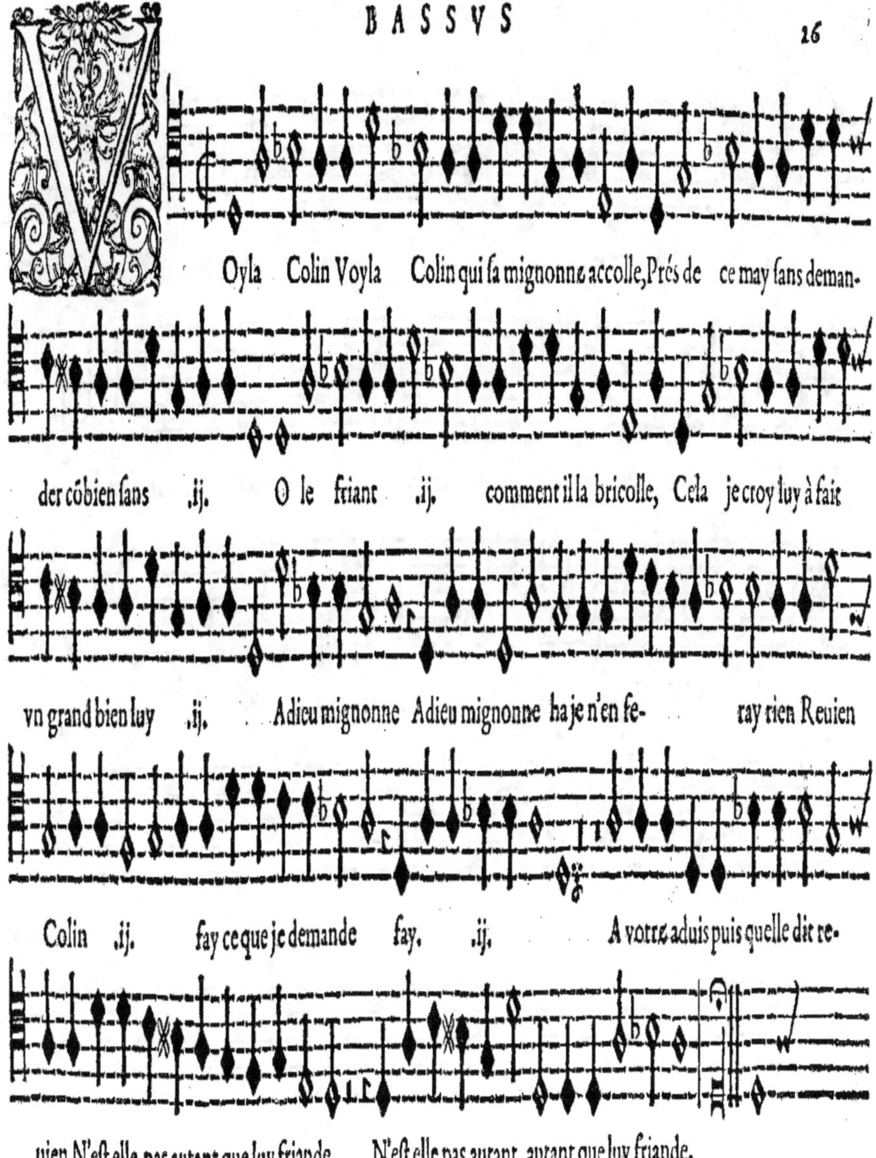
Oyla Colin Voyla Colin qui fa mignonne accolle, Prés de ce may fans deman-
der cõbien fans .ij. O le friant .ij. comment il la bricolle, Cela je croy luy à fait
vn grand bien luy .ij. Adieu mignonne Adieu mignonne ha je n'en fe- ray rien Reuien
Colin .ij. fay ce que je demande fay. .ij. A votre aduis puis quelle dit reuien N'eft elle pas autant que luy friande. N'eft elle pas autant autant que luy friande.

G ij

'Ayme trop mieux souffrir la mort Puis qu'il faut que pour toy l'endure, Qu'ainsi souuent sentir à tort Ne te voyant peine si dure, Car tout ainsi que nuict obscure Priue vn chacun de
la clairté, Ainsi sans toy ta créature, Languit en toutz obscuri- té. Ainsi sans toy ta
créature, Languit en toutz obscurité.

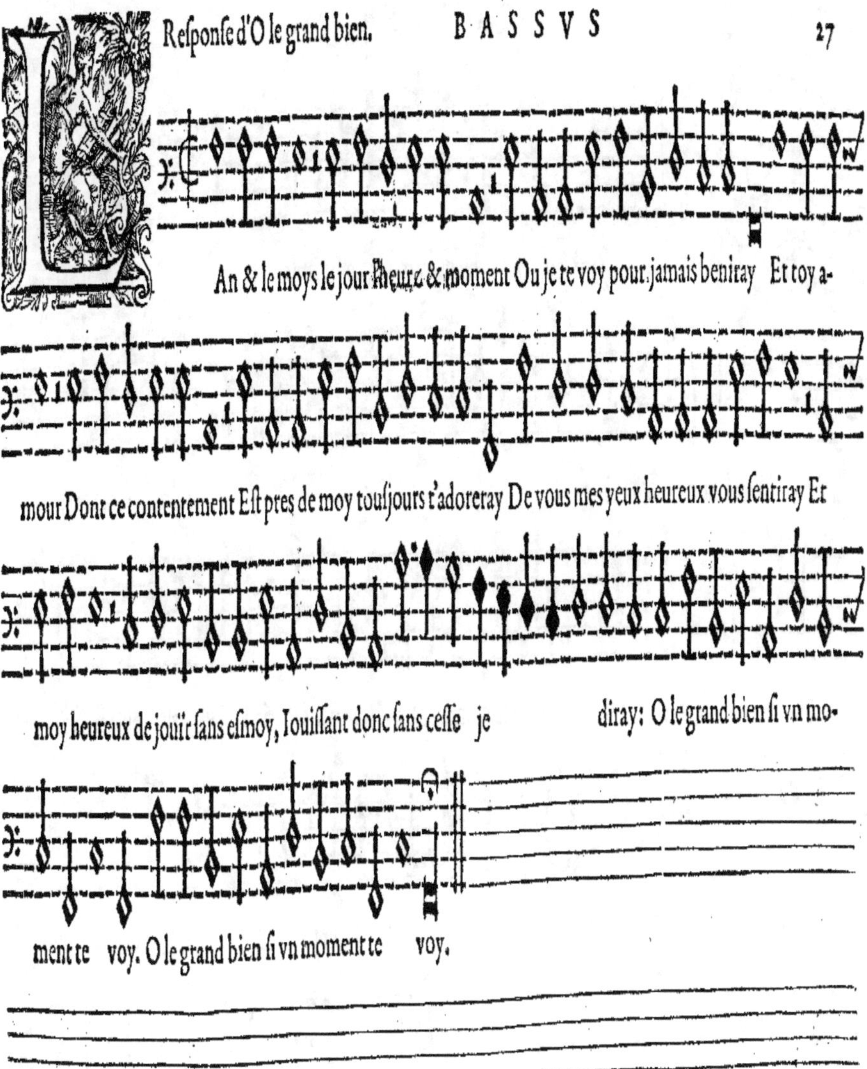

An & le moys le jour l'heure & moment Ou je te voy pour jamais beniray Et toy a-
mour Dont ce contentement Est pres de moy tousjours t'adoreray De vous mes yeux heureux vous sentiray Et
moy heureux de jouïr sans esmoy, Iouïssant donc sans cesse je　　diray: O le grand bien si vn moment te　voy. O le grand bien si vn moment te　　voy.

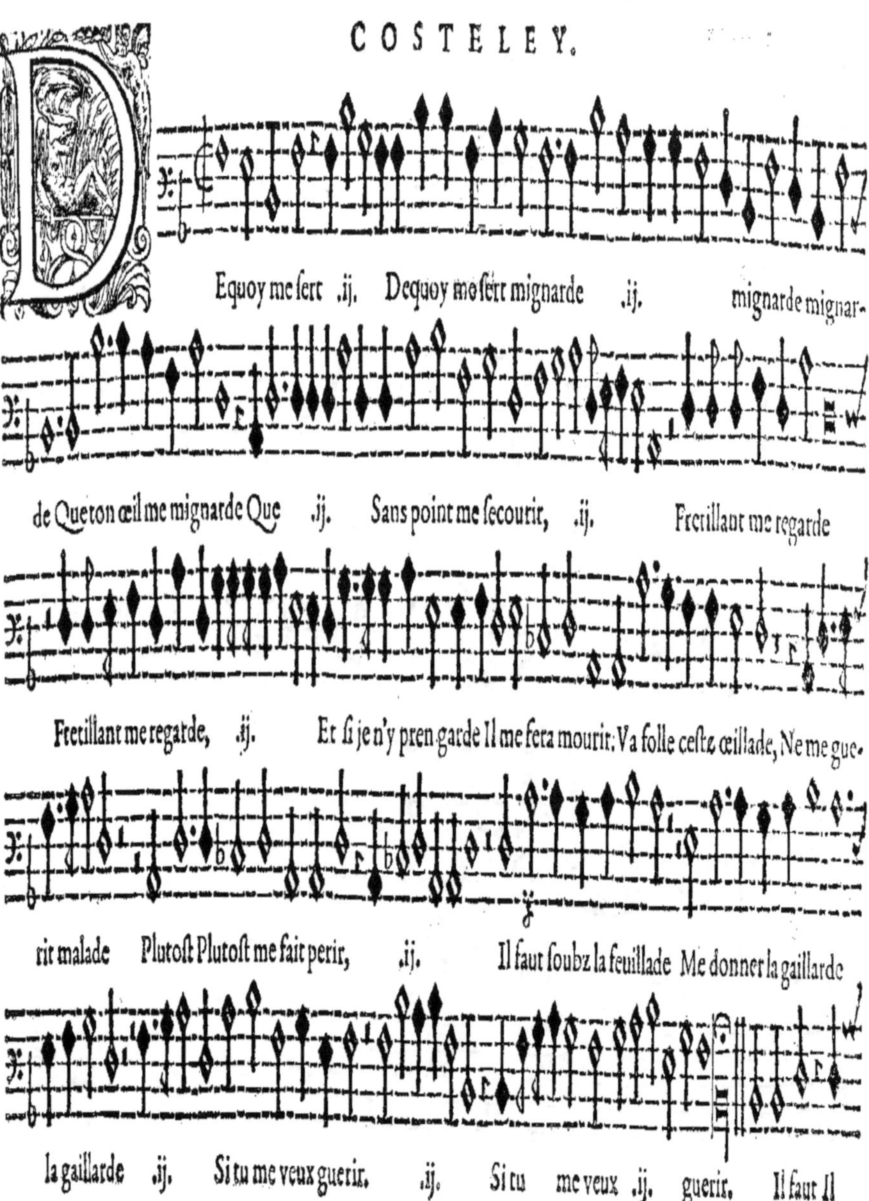
Equoy me fert .ij. Dequoy mo fert mignarde .ij. mignarde mignar-
de Que ton œil me mignarde Que .ij. Sans point me fecourir, .ij. Fretillant me regarde
Fretillant me regarde, .ij. Et fi je n'y pren garde Il me fera mourir: Va folle ceftz œillade, Ne me gue-
rit malade Plutoft Plutoft me fait perir, .ij. Il faut foubz la feuillade Me donner la gaillarde
la gaillarde .ij. Si tu me veux guerir. .ij. Si tu me veux .ij. guerir. Il faut Il

Ieu Cupido ce grand vilain Aux blondz cheueux cóme vn corbeau, Lasche de corps &
de cœur vain Voudroit jouïr de mó corps beau veau Nó point vedel de ceftz anné-   c   Car on dit
ce n'eft de nouueau, ce n'eft de nouueau De grand vilain De grand vilain lasche journée. De grand vilain lasche journée. De grand vilain lasche journée.

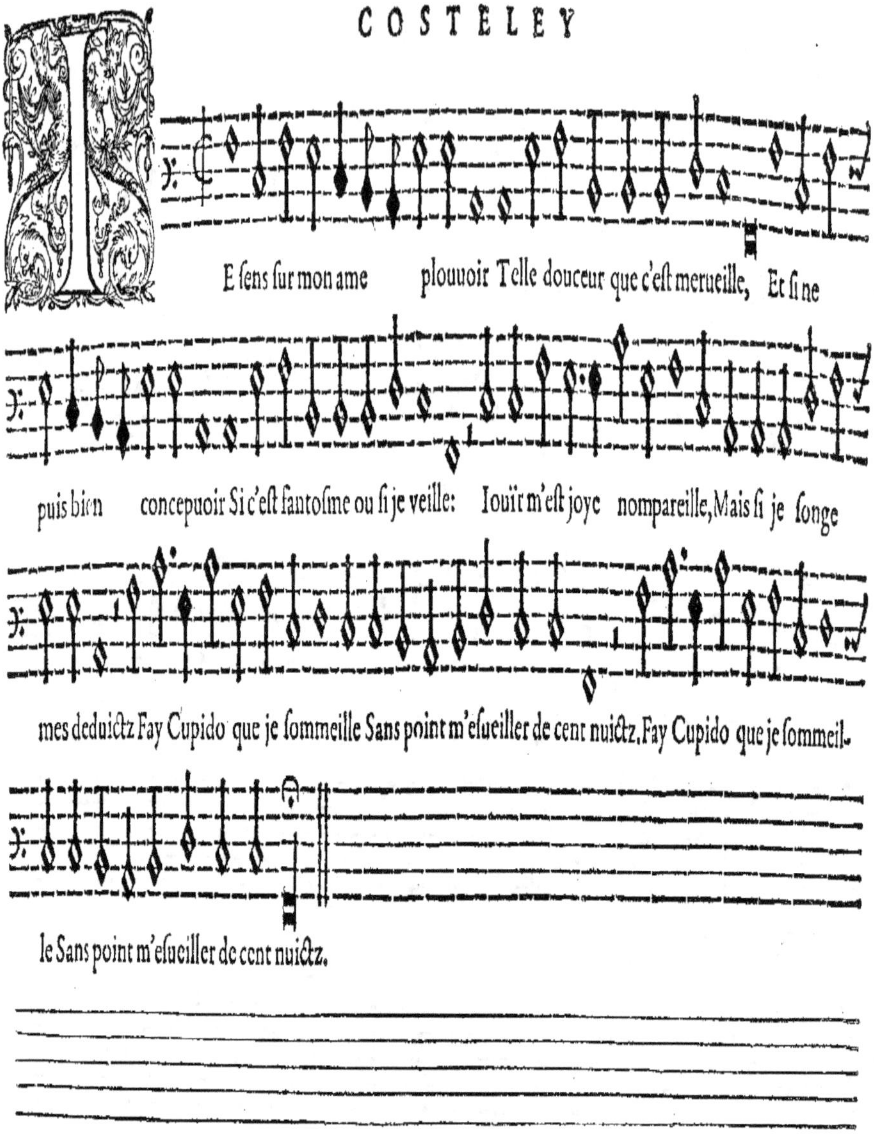

E fens fur mon ame   plouuoir Telle douceur que c'eft merueille, Et fi ne

puis bien   concepuoir Si c'eft fantofme ou fi je veille: Iouïr m'eft joyc   nompareille, Mais fi je fonge

mes deduictz Fay Cupido que je fommeille Sans point m'efueiller de cent nuictz, Fay Cupido que je fommeil-

le Sans point m'efueiller de cent nuictz.

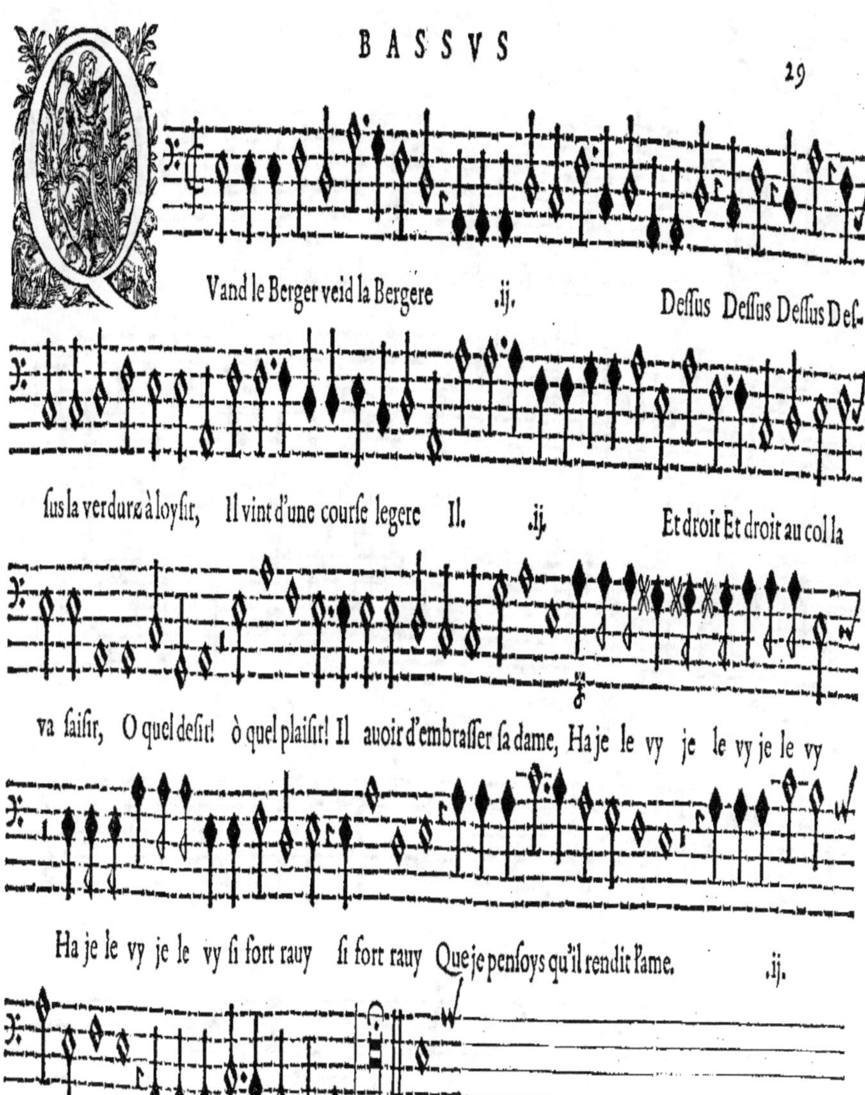
Vand le Berger veid la Bergere .ij.
Deſſus Deſſus Deſſus Deſ-
ſus la verdure à loyſir, Il vint d'une courſe legere Il. .ij.
Et droit Et droit au col la
va ſaiſir, O quel deſir! ò quel plaiſir! Il auoir d'embraſſer ſa dame, Ha je le vy je le vy je le vy
Ha je le vy je le vy ſi fort rauy ſi fort rauy Que je penſoys qu'il rendit l'ame. .ij.
Que je penſoys qu'il rendit l'ame.

H

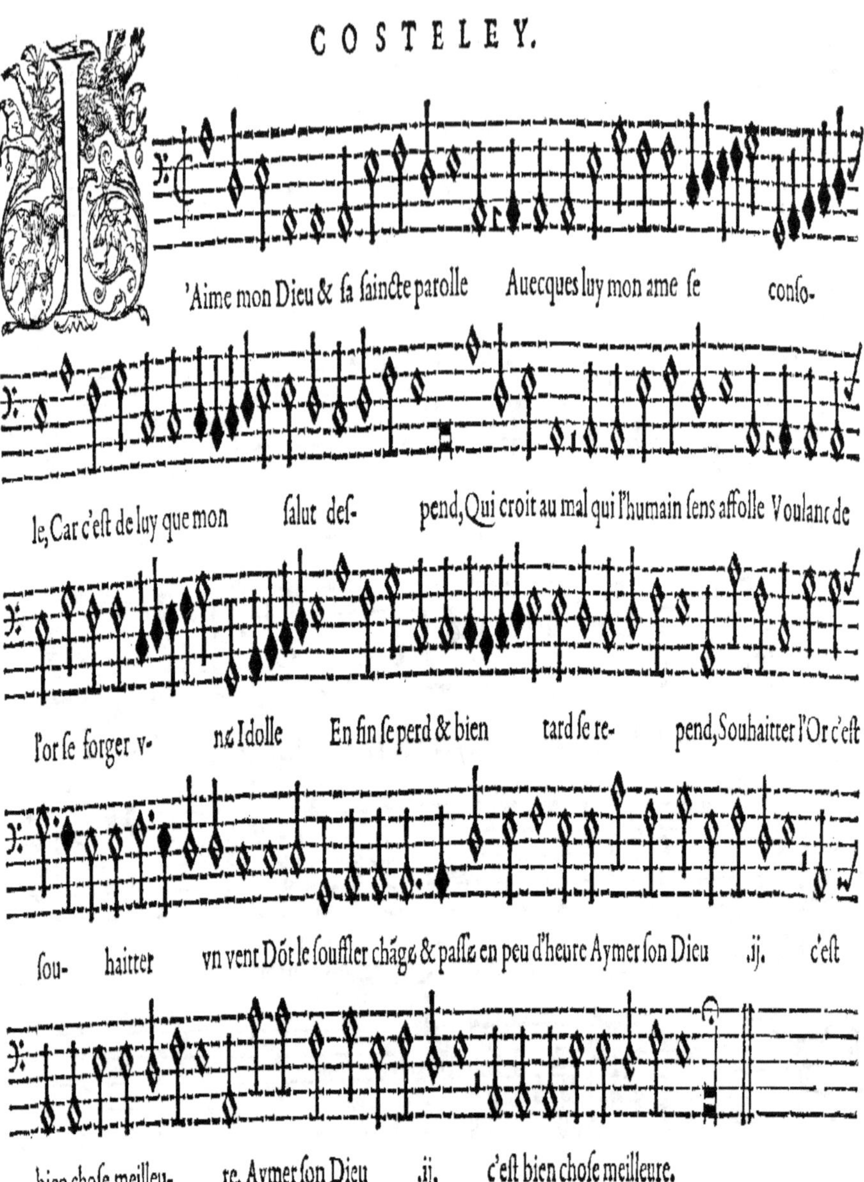
'Aime mon Dieu & sa saincte parolle   Auecques luy mon ame se   conso-
le, Car c'est de luy que mon   salut des-   pend, Qui croit au mal qui l'humain sens affolle Voulanc de
l'or se forger v-   ne Idolle   En fin se perd & bien   tard se re-   pend, Souhaitter l'Or c'est
fou-   haitter   vn vent Dót le souffler cháge & passe en peu d'heure Aymer son Dieu   .ij.   c'est
bien chose meilleu-   re. Aymer son Dieu   .ij.   c'est bien chose meilleure.

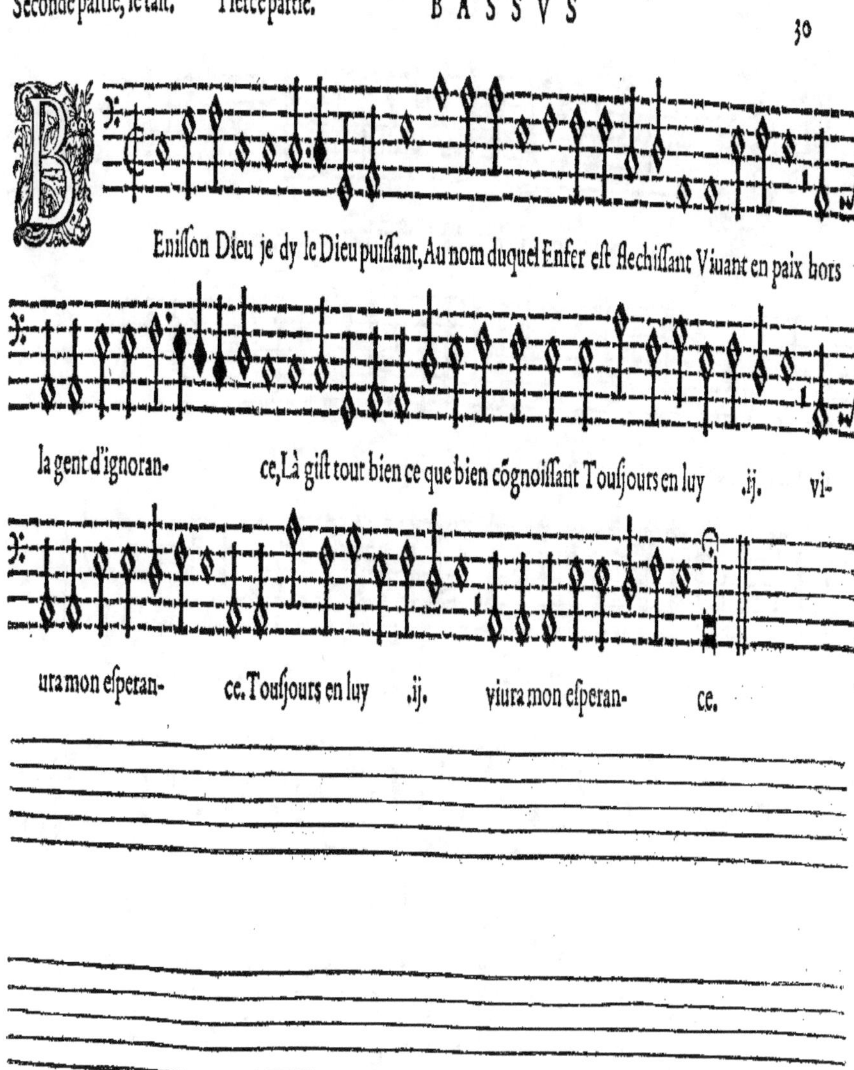

Enisson Dieu je dy le Dieu puissant, Au nom duquel Enfer est flechissant Viuant en paix hors
la gent d'ignoran-   ce, Là gist tout bien ce que bien cognoissant Tousjours en luy   .ij.   viura mon esperan-   ce. Tousjours en luy   .ij.   viura mon esperan-   ce.

H ij

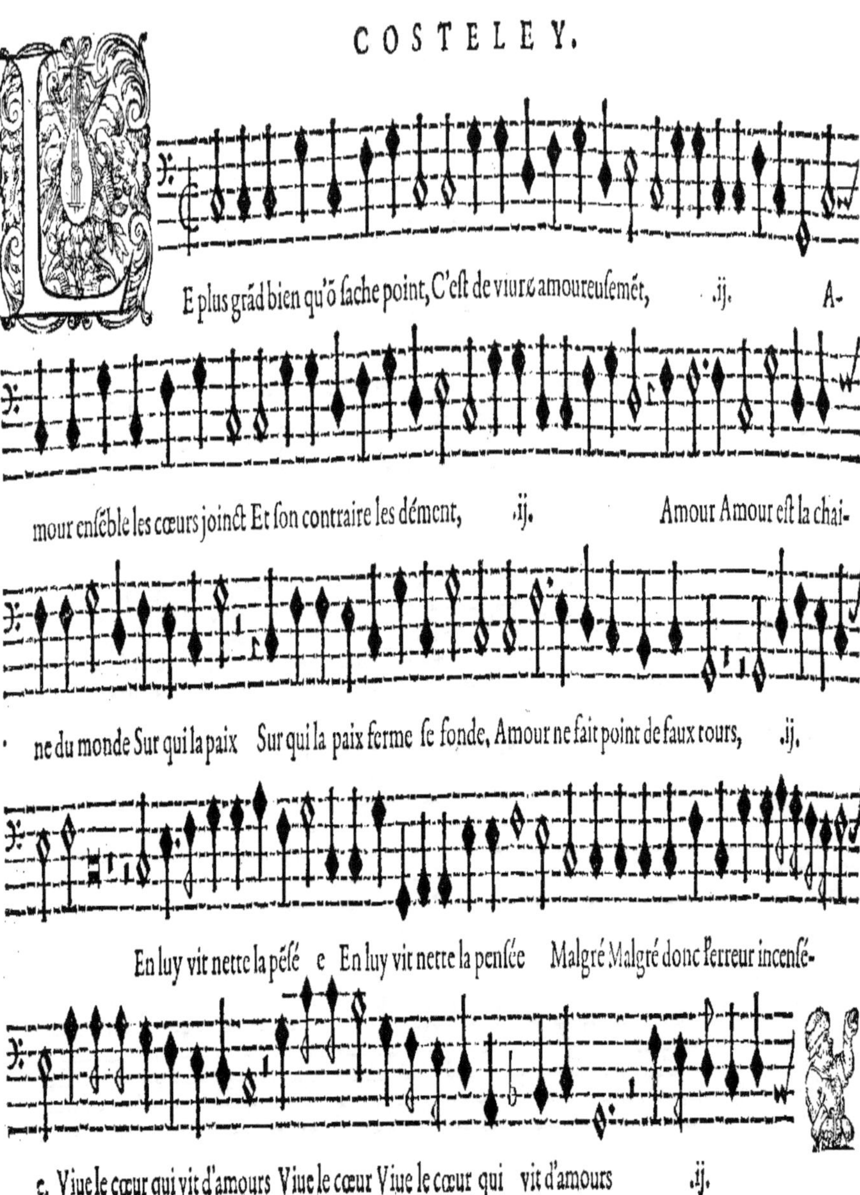
E plus grãd bien qu'õ ſache point, C'eſt de viurɇ amoureuſemét, .ij. A-
mour enſéble les cœurs joinct Et ſon contraire les démcnt, .ij. Amour Amour eſt la chai-
ne du monde Sur qui la paix Sur qui la paix ferme ſe fonde, Amour ne fait point de faux tours, .ij.
En luy vit nette la péſé e En luy vit nette la penſée Malgré Malgré donc l'erreur incenſé-
e, Viue le cœur qui vit d'amours Viue le cœur Viue le cœur qui vit d'amours .ij.

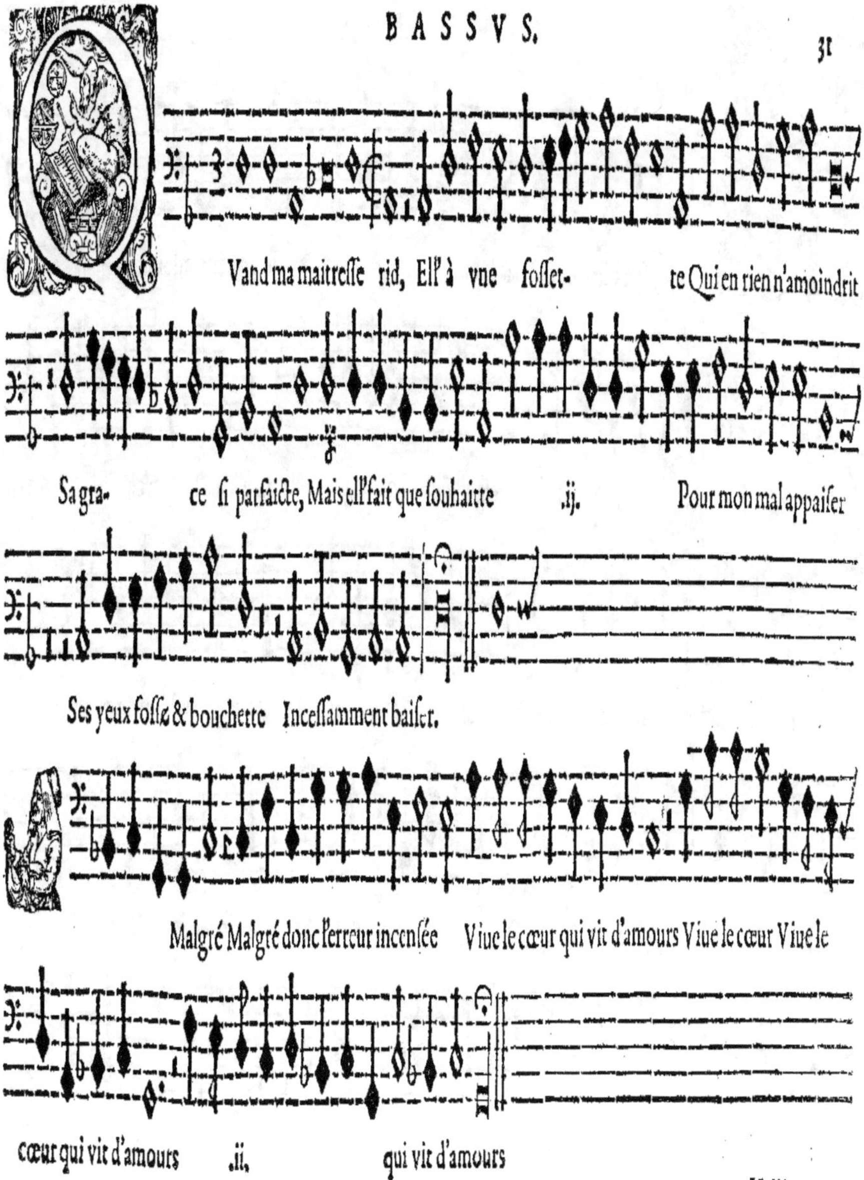

Vand ma maitreſſe rid, Ell'à vne foſſet-
te Qui en rien n'amoindrit

Sa gra-
ce ſi parfaicte, Mais ell'fait que ſouhaitte   .ij.
Pour mon mal appaiſer

Ses yeux foſſz & bouchette Inceſſamment baiſer.

Malgré Malgré donc l'erreur incenſée   Viue le cœur qui vit d'amours Viue le cœur Viue le

cœur qui vit d'amours   .ii.
qui vit d'amours

Ien bien je vous pardonne .ij. je vous pardonne Point je ne vous
fesseray je ne vous fesseray Mais si l'on m'esguillône si l'ô m'esguillône mais si Mais si l'ô m'esguillône Bien tost
Bien tost Bien tost je commenceray, Et si trop haut criez ay ay ay ay ay ay ay ay Ma petitz affetté-
e, Des verges de ce balay, de ce balay, Des verges de ce balay, Vous serez fouettée, Vous serez fouettée Vous serez fouettée Des verges de ce balay de ce balay Des verges de ce balay

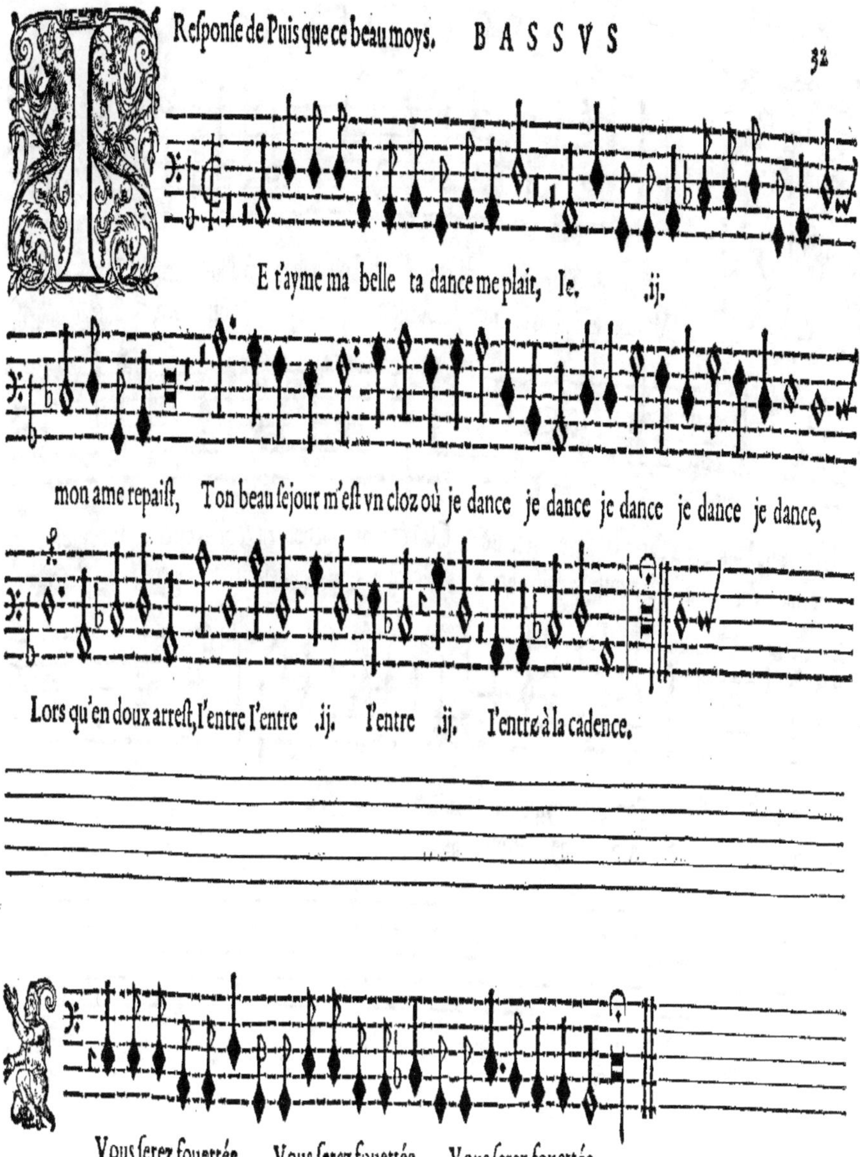

Responfe de Puis que ce beau moys.   B A S S V S
32
E t'ayme ma belle ta dance me plaiſt, Ie.   .ij.
mon ame repaiſt,   Ton beau ſejour m'eſt vn cloz où je dance je dance je dance je dance je dance,
Lors qu'en doux arreſt, l'entre l'entre .ij.   l'entre .ij.   l'entrẑ à la cadence.
Vous ſerez fouettée,   Vous ſerez fouettée   Vous ſerez fouettée.

E voy des glissantes eaux Les ruisseaux Couler soubz vn doux murmure, Ie voy de mil-
Ma maitresse helas pourquoy Loin de moy Va reluyre votre face, Suis-je point de
le couleurs Mille fleurs Parer la gaye verdure
tout mõ cœur Seruiteur De votre parfaicte grace
Clair & beau Qui nous rit & nous caresse Ie voy toute
Ou soyez Que n'aurez jamais sans vice Cœur plus entier
chose en soy Hors d'esmoy Fors que moy, pour ma maistresse. .ij.
que le mien Qui veut bien Mourir pour votre seruice. .ij.

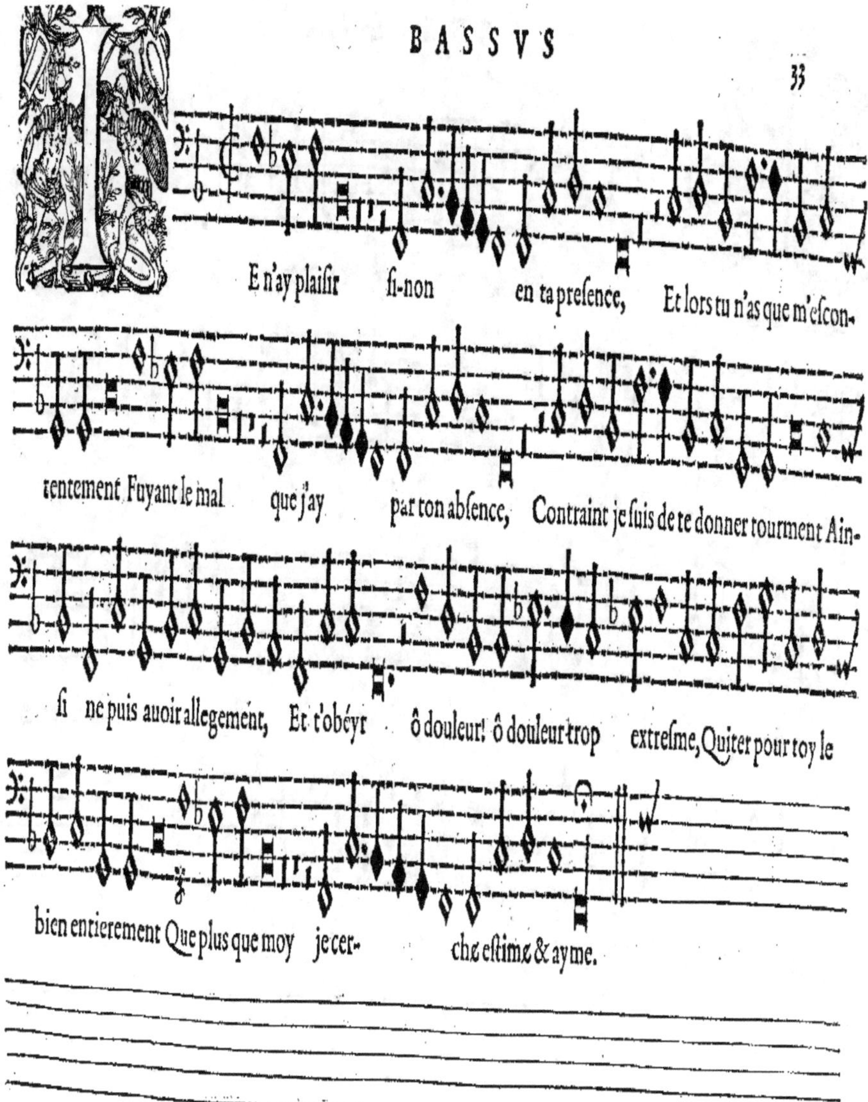
E n'ay plaisir si-non en ta presence, Et lors tu n'as que m'escon-
tentement Fuyant le mal que j'ay par ton absence, Contraint je suis de te donner tourment Ainsi ne puis auoir allegement, Et t'obéyr ô douleur! ô douleur trop extresme, Quiter pour toy le
bien entierement Que plus que moy je cer- che estime & ayme.

I

E ne veux point à l'amour confentir, Et toutefoys je fuis tant amoureux,
Qu'inceſſamment amour me fait ſentir, De ſes tourmétz le plus grief & faſcheux, Puis qu'en t'aymant je fay
je fay ce que ne veux D'où vient cecy .ij. que je vis en malaiſe, Ne te voyant clair ſoleil de mes
yeux, Et te voyant je n'ay rien qui me plaiſe. Et te voyant je n'ay rien qui me plaiſe.

Ce joly matinet I'ay apperçeu Robinet, Deſſus la fraiſche rouſee,
Qui mignottoit ſa Catin Luy tatonnoit le tetin, Et deſſoubz luy la jectée, Puis l'accolle & ſi la
baiſe Et vray dieu qu'il eſtoit aiſe. Et vray dieu Et vray dieu qu'il eſtoit aiſe. Et vray dieu qu'il eſtoit aiſe. qu'il eſtoit aiſe.

I ij

Vi voit alors que les ventz, Du printemps, Emaillent la terre nuë   L'hyuer faché
Mais ne soupſon ne raport, Ne diſcord,   Au traiƈt empenné de rage   Pour les aſſaux
de partir   Eſpartir, En l'air la greſle menuë,   De ſes feuz Qui bruſlz vne ame gentille Que le diſcord
qu'ilz ferōt Ne vaincrōt, Vn cœur de braue courage   Du printems, Emailler la terre nuë   L'hyuer faché
pour brouiller Va meſler, De faux raport inutil-   le.   .ij.
de partir   N'eſpartir, Touſjours la greſle menu-   ë.   .ij.

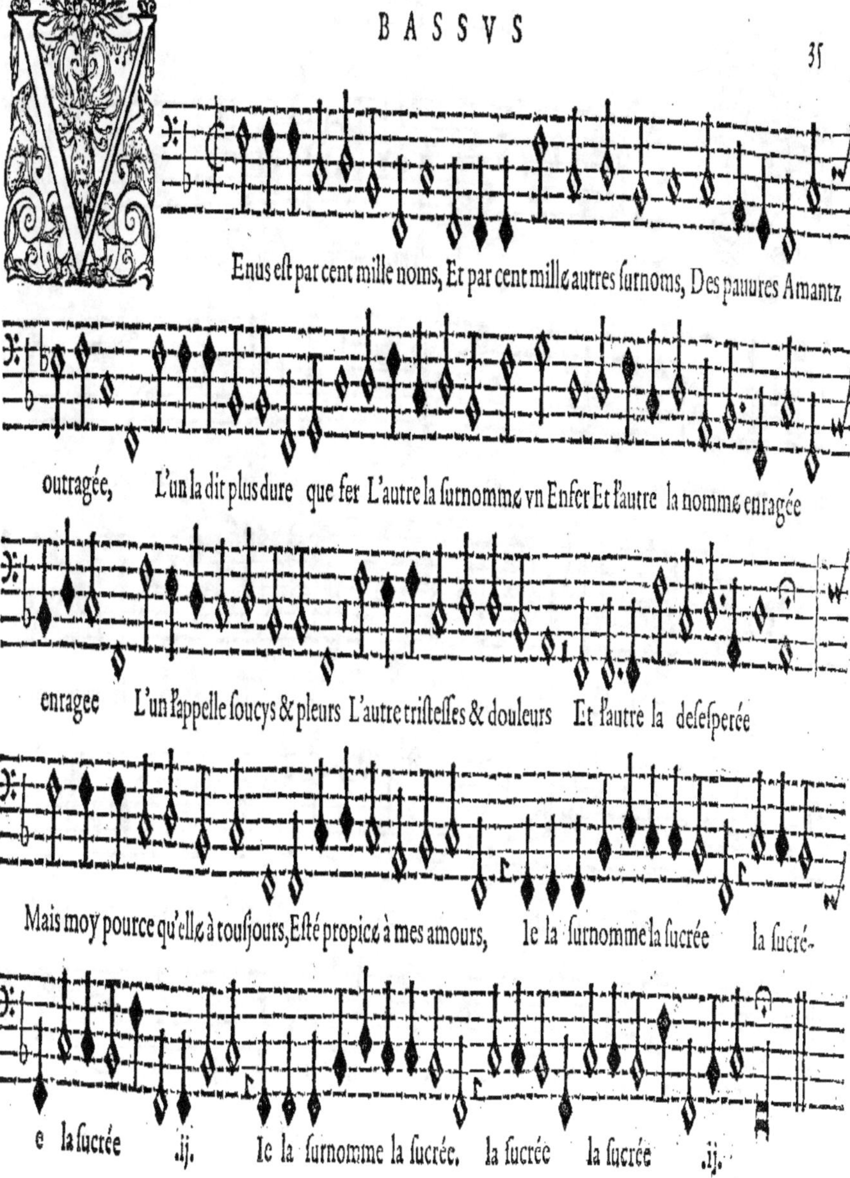
Enus est par cent mille noms, Et par cent mille autres surnoms, Des pauures Amantz
outragée,   L'un la dit plus dure que fer L'autre la surnomme vn Enfer Et l'autre la nomme enragée
enragee   L'un l'appelle soucys & pleurs L'autre tristesses & douleurs   Et l'autre la desesperée
Mais moy pource qu'elle à tousjours, Esté propice à mes amours,   Ie la surnomme la sucrée   la sucré-
e la sucrée   .ij.   Ie la surnomme la sucrée, la sucrée   la sucrée   .ij.

I iij

Deffoubz le may .ij. Pres la fleur efglanti- ne l'efcouteray l'efcouteray cefte voix argentine cefte voix argentine Qui jufqu'au ciel .ij. mon ef- prit hauffera Puis quád la
voix .ij. doucement cefte- ra Ie baiferay Ie baiferay la bouche coraline la bouche coraline Ie flatteray cefte main iuoyri- ne, Ie tafteray la mamelle marbrine, Qu'autre que moy jamais ne touchera, Deffoubz le may l'admireray cefte beauté cefte beauté diuine Ie hauferay ce-

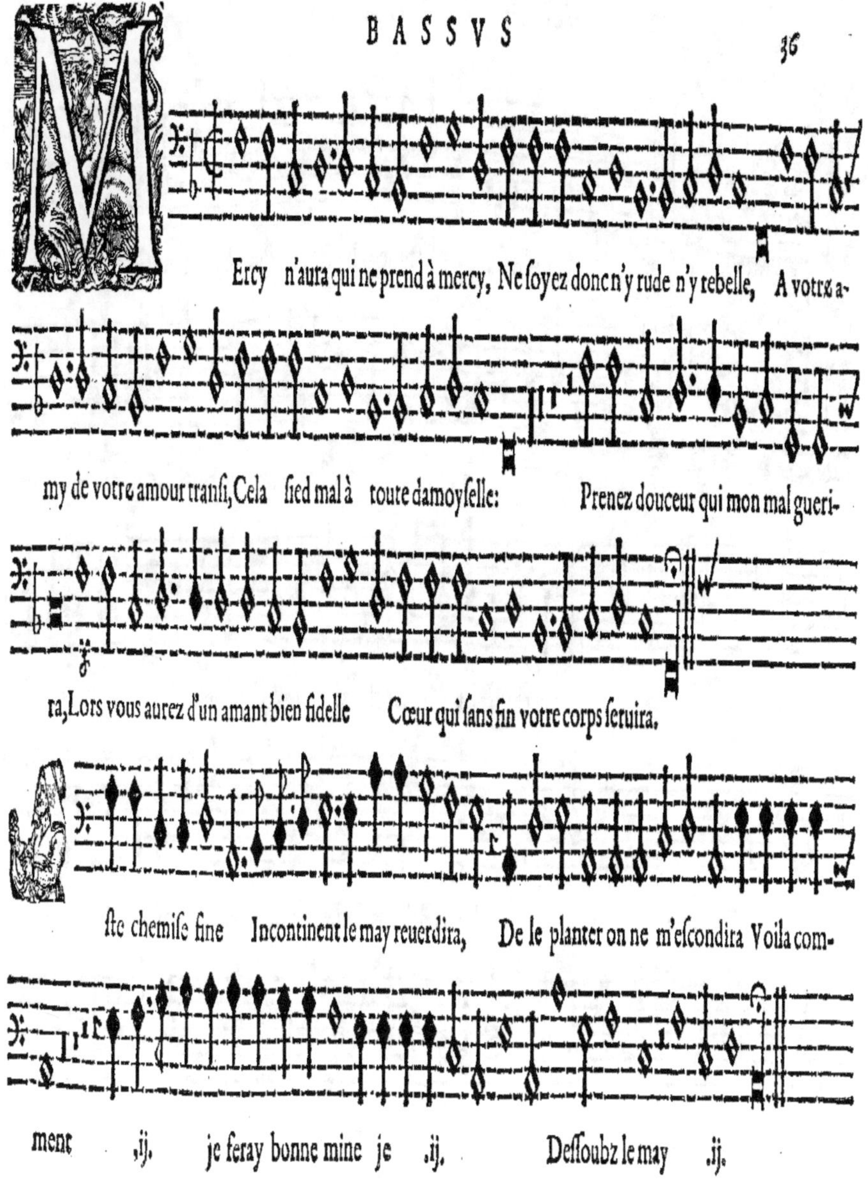
Ercy n'aura qui ne prend à mercy, Ne soyez donc n'y rude n'y rebelle,   A votre a-
my de votre amour transi, Cela sied mal à toute damoyselle: Prenez douceur qui mon mal gueri-
ra, Lors vous aurez d'un amant bien fidelle   Cœur qui sans fin votre corps seruira.
ste chemise fine   Incontinent le may reuerdira,   De le planter on ne m'escondira Voila comment   .ij.   je feray bonne mine je   .ij.   Dessoubz le may   .ij.

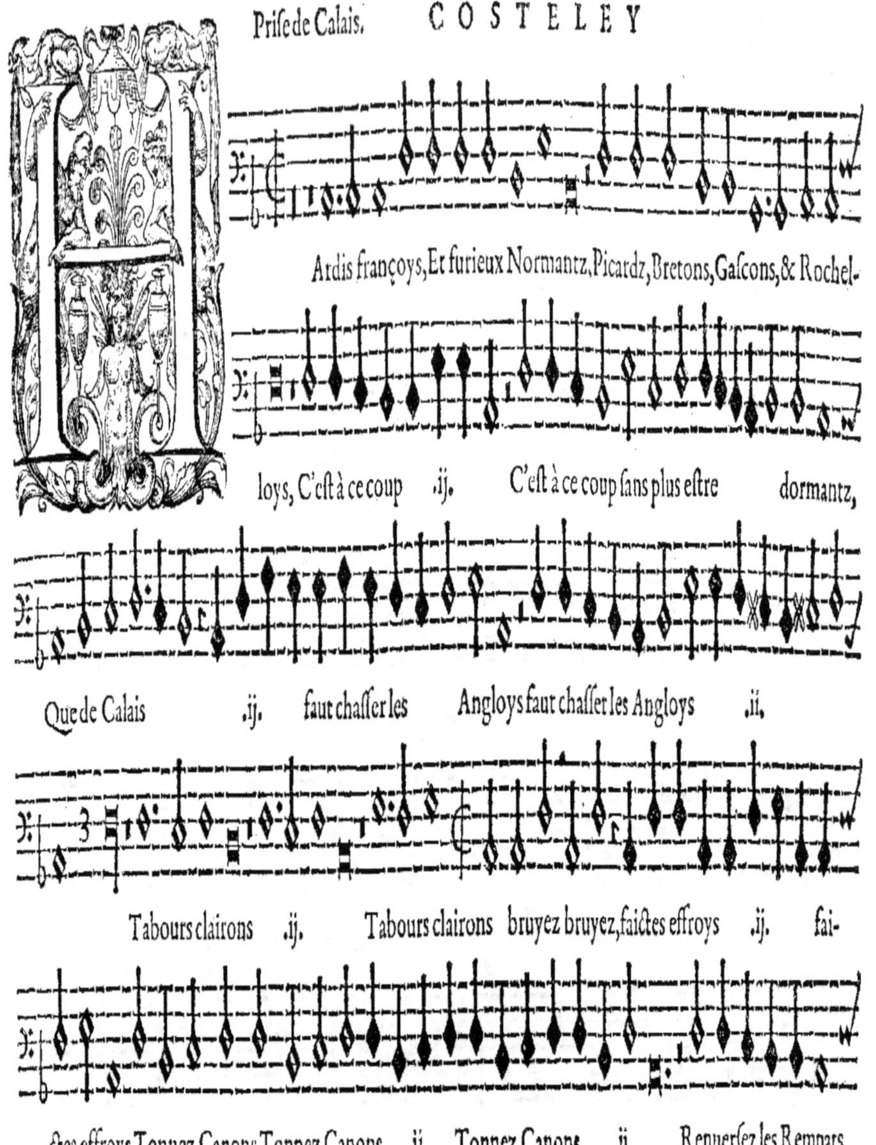
Ardis françoys, Et furieux Normantz, Picardz, Bretons, Gafcons, & Rochel-
loys, C'eft à ce coup   .ij.   C'eft à ce coup fans plus eftre   dormantz,
Que de Calais   .ij.   faut chaffer les   Angloys faut chaffer les Angloys   .ij.
Tabours clairons   .ij.   Tabours clairons   bruyez bruyez, faictes effroys   .ij.   fai-
ctes effroys Tonnez Canons Tonnez Canons   .ij.   Tonnez Canons   .ij.   Renuerfez les Rempars

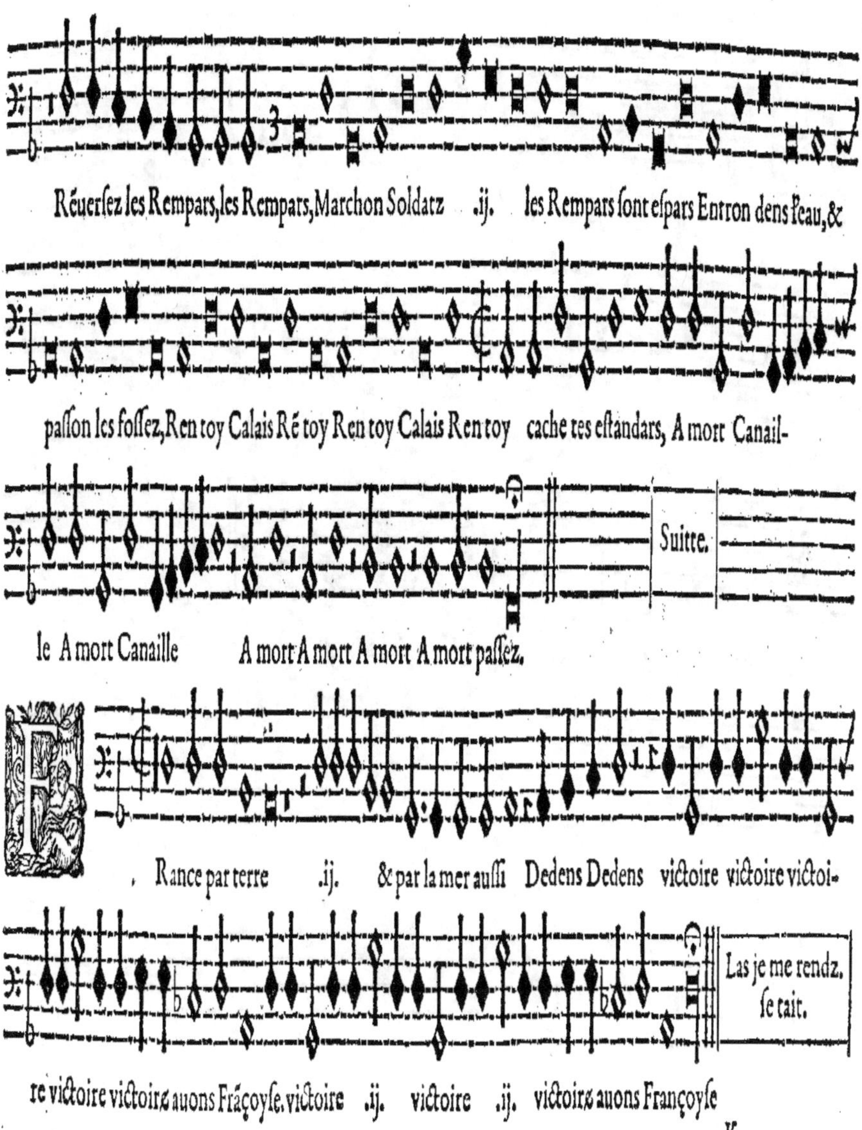
Réuersez les Rempars, les Rempars, Marchon Soldatz .ij. les Rempars sont espars Entron dens l'eau, &
passon les fossez, Ren toy Calais Ré toy Ren toy Calais Ren toy cache tes estandars, A mort Canail-
le A mort Canaille A mort A mort A mort A mort passez.
Suitte.
Rance par terre .ij. & par la mer aussi Dedens Dedens victoire victoire victoi-
Las je me rendz, se tait.
re victoire victoire auons Fráçoyse, victoire .ij. victoire .ij. victoire auons Françoyse

Ien venu foys, Car à toy j'appartien, Roy des Fráçoys juftement m'as có- quife, Fuy donc de
moy Angloys & ta fierté Car c'eft en vain qu'on garde la Cité,   Si le grand Roy n'en à la garde prife,
Car c'eft en vain qu'on garde la Cité,   Si le grand Roy n'en à la garde prife.

Belle Galathée .ij. enséblz & fierz & belle! .ij.
Las pourquoy .ij. m'eſtes vous à ſi grand tort à ſi grand tort cruelle! cruelle Pourquoy me
tuez vous? me tuez vous? ne vaudroit il pas mieux ne. .ij. me tuer, me tuer de cent mortz qui viennent qui viénent .ij. de voz yeux? Aſſiz au-pres de vous que languir en ſeruage Banny de
votrz amour Banhy de votrz amour au bord de ce Riuage. .ij. au bord de ce Riuage
K ij

Trio.

Oz yeux dedens les miens .ij. ont verſé ont verſé tant d'amour Que pour vous
je ſoupire ſoupire je ſoupire, & de nuiĉt & de jour .ij. Et tant me ſens perdu
d'unɡ ardeur .ij. incura- ble, Que mon tropeau tout ſeul ſ'en retournɀ à l'eſta-
ble, ſ'en retournɀ à l'eſta- ble.

I vous m'auiez congnu, honteuse vous feriez,   De tant me refuser,   & seullette vien-
driez Me voir Me voir   iusques chez moy, pour auoir iouissance,   De tant de riches biens qui sont en
ma puissance: Sus donc   Sus dõc Sus dõc venez me voir   ne vueillez destourner   Voz yeux du
beau present que ie vous veux donner Voz yeux du beau presét que ie vous veux dõner.   .ij.

K iij

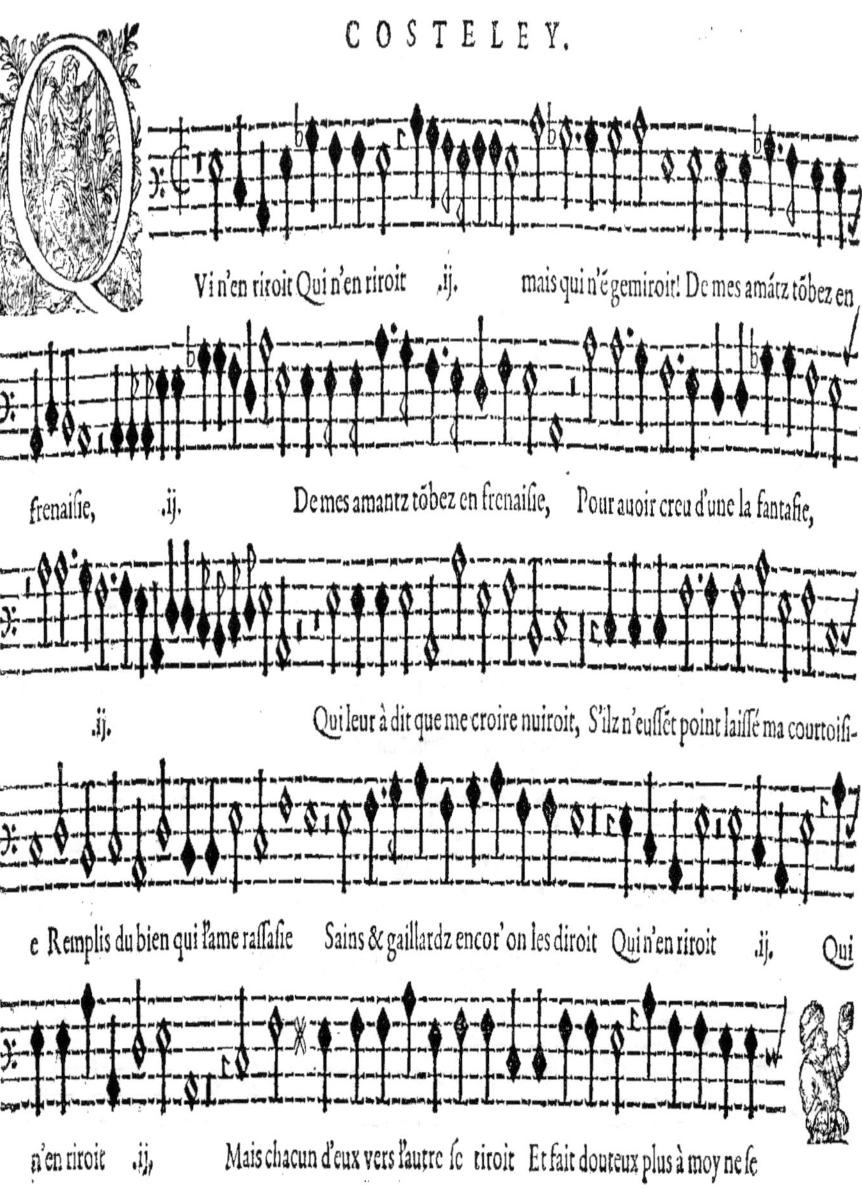
Vi n'en riroit Qui n'en riroit .ij. mais qui n'é gemiroit! De mes amátz tóbez en
frenaifie, .ij. De mes amantz tóbez en frenaifie, Pour auoir creu d'une la fantafie,
.ij. Qui leur à dit que me croire nuiroit, S'ilz n'euffét point laiffé ma courtoifi-
e Remplis du bien qui l'ame raffafie Sains & gaillardz encor' on les diroit Qui n'en riroit .ij. Qui
n'en riroit .ij. Mais chacun d'eux vers l'autre fe tiroit Et fait douteux plus à moy ne fe

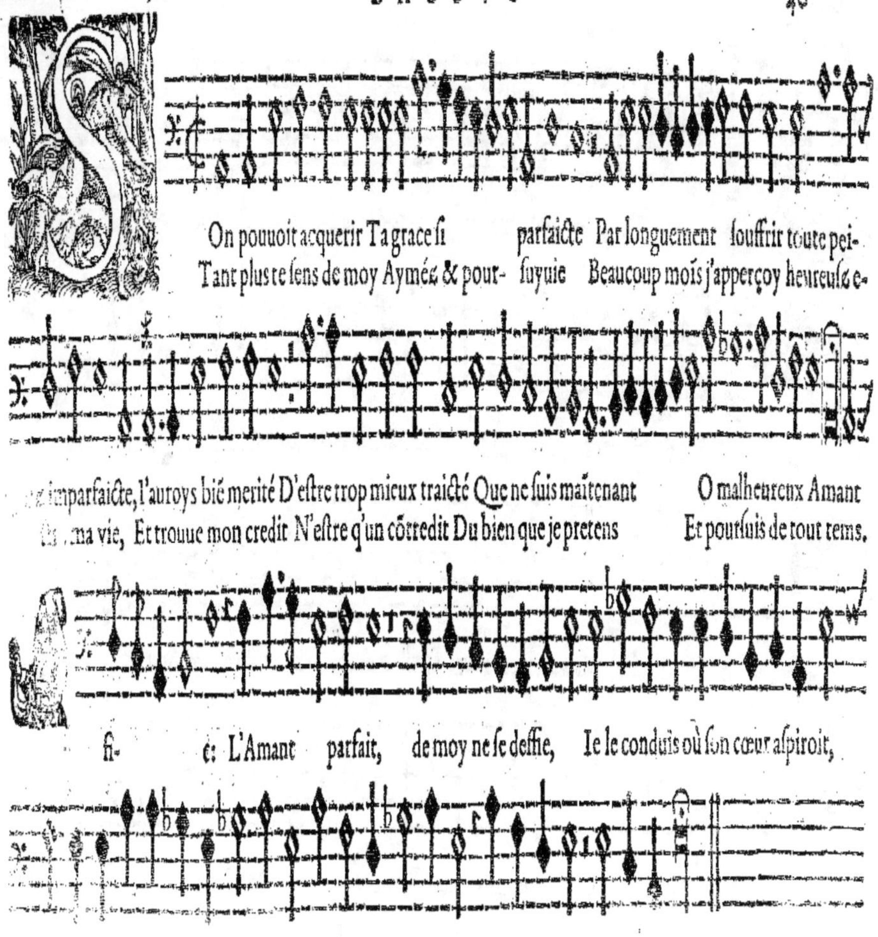
On pouuoit acquerir Ta grace si   parfaicte Par longuement souffrir toute pei-
Tant plus te sens de moy Aymée & pour- suyuie Beaucoup mois j'apperçoy heureuse e-
imparfaicte, l'auroys bié merité D'estre trop mieux traicté Que ne suis maitenant   O malheureux Amant
ma vie, Et trouue mon credit N'estre q'un côtredit Du bien que je pretens   Et poursuis de tout tems.
fi-   c: L'Amant   parfait,   de moy ne se deffie,   Ie le conduis où son cœur aspiroit,
où son cœur aspiroit, Qui n'en riroit, Qui n'en riroit.

Mignonnes de Iupiter   Cessez de Parnasse habiter   Venez visiter   vo-
tre gloyre: Votre nourrissier ce grâd Roy Que la fiebure tient en esmoy Sur luy pensant auoir victoire.
Sur luy pensant auoit victoire,   Mais amenez   votre Apollon Auec   cela   qu'il à de bon, Soit herbe, soit fleur
soit   racine,   Car de luy tant nous esperôs Que le Roy guery nous verrons A la premiere   medecine
A la premiere medecine   Sus Sus nous sommes exaucez Sus fiebure sus le Roy laissez, Allez tour-

Vand l'ennuy facheux vous prend, N'attédez point qu'il entame Votre beauté dont despend
Le plaisir plus doux que basme, Venez & je soys infame, S'en riant ne vous gueris, I'ay du passetems
.ij. ma dame I'ay du passetems pour dix.
menter quelquz auare, Que jamais sur Roy tát begnin Ne puisse tomber le venin, De votre cruauté barbare. De. .ij.

L

Combien est heureux Celuy qui se contente, Des biens si plantureux Que natu-
Qui se fonde en l'hôneur A fortune se joue, Qui du haut de bô-heur lette au bas

re presente, Autres biens que ceux-cy Sont pleins de grief soucy, Autres.
de sa Roue, Plus la fouldre tousjours Frape les hautes tours, Plus.
.ij.
.ij.

Que la vie requiert Pour autruy en acquiert Tresors de plus qu'assez Sont en vain amassez. Tresors de
Ne repaire en ce lieu Est fort séblable à Dieu L'hôme du tout à soy Vit plus heureux q'un Roy L'hôme du

plus qu'assez Sont en vain amassez.
tout à soy Vit plus heureux q'un Roy.

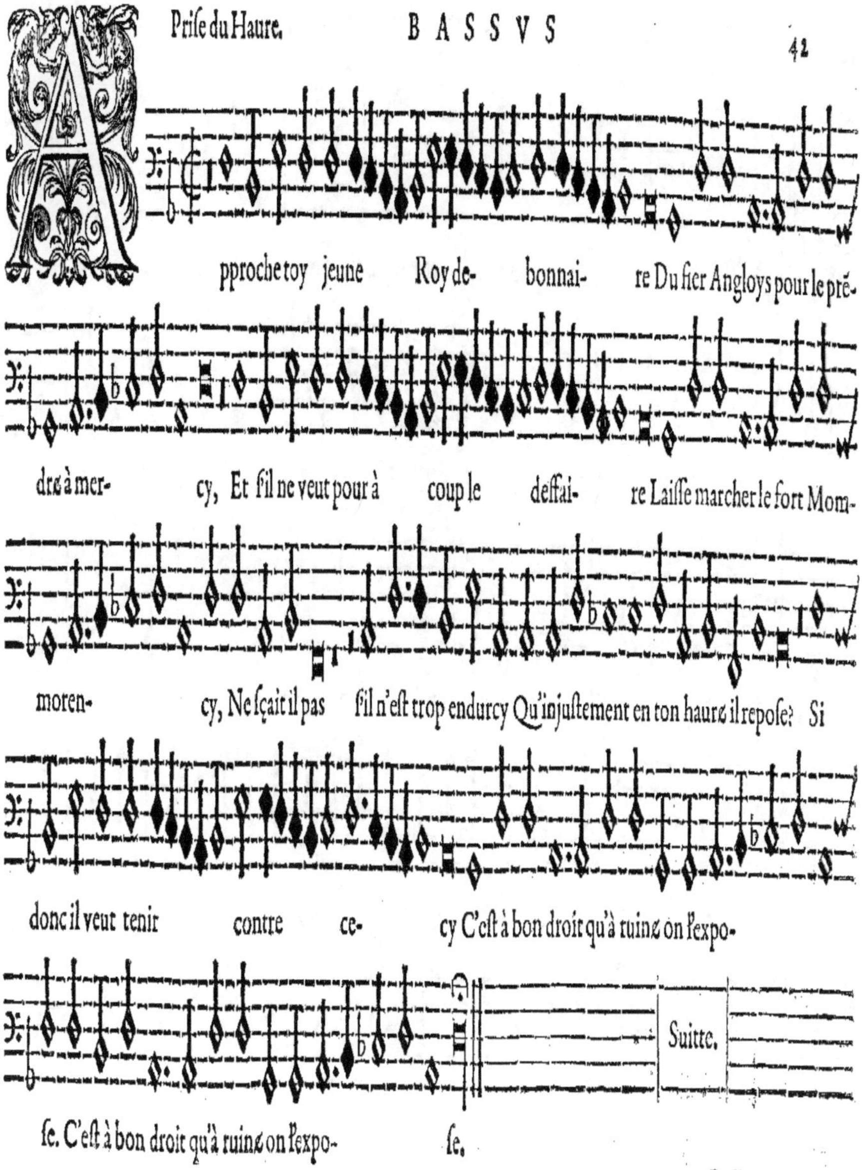

pproche toy jeune Roy de bonnai- re Du fier Angloys pour le pré-
dre à mer- cy, Et s'il ne veut pour à coup le deffai- re Laisse marcher le fort Mom-
moren- cy, Ne sçait il pas s'il n'est trop endurcy Qu'injustement en ton haure il repose? Si
donc il veut tenir contre ce- cy C'est à bon droit qu'à ruine on l'expo-
Suitte.
se. C'est à bon droit qu'à ruine on l'expo- se.

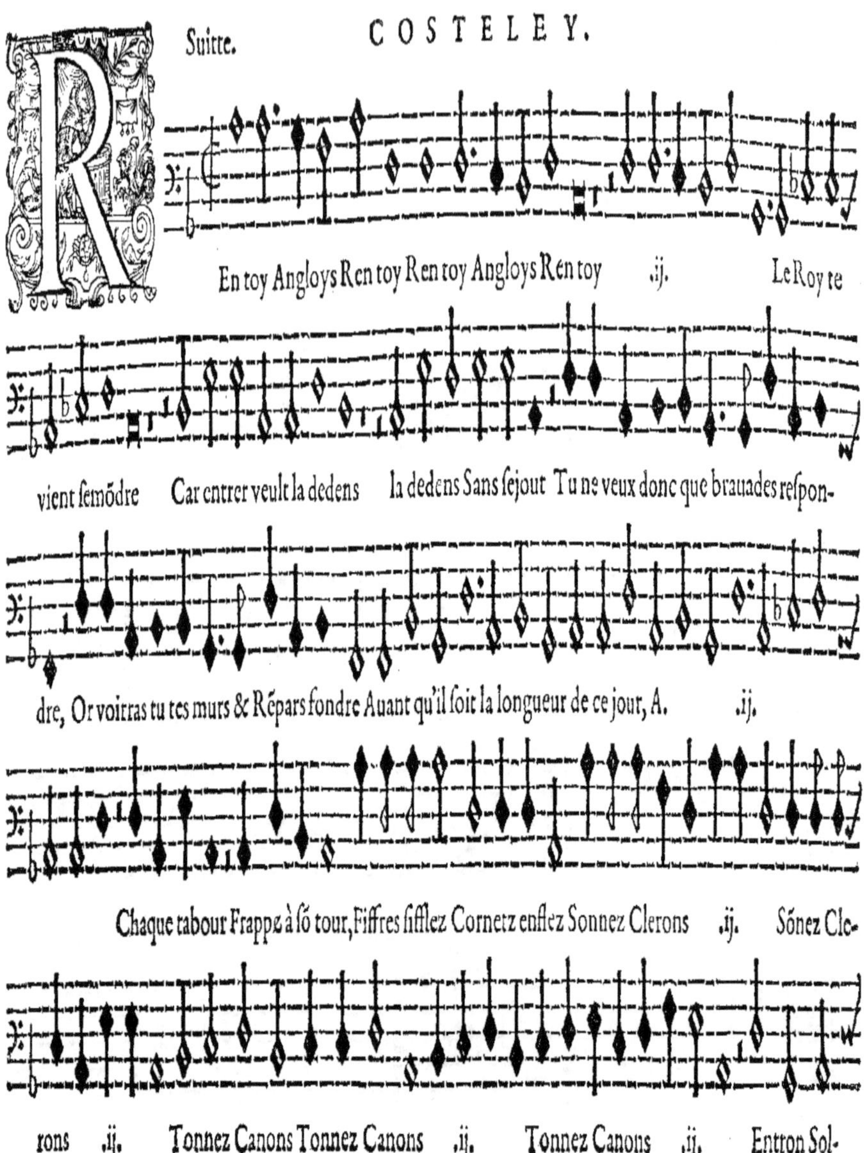
En toy Angloys Ren toy Ren toy Angloys Ren toy .ij. Le Roy te
vient semõdre Car entrer veult la dedens la dedens Sans sejout Tu ne veux donc que brauades respon-
dre, Or voirras tu tes murs & Répars fondre Auant qu'il soit la longueur de ce jour, A. .ij.
Chaque tabour Frappe à sõ tour, Fiffres sifflez Cornetz enflez Sonnez Clerons .ij. Sõnez Clerons .ij. Tonnez Canons Tonnez Canons .ij. Tonnez Canons .ij. Entron Sol-

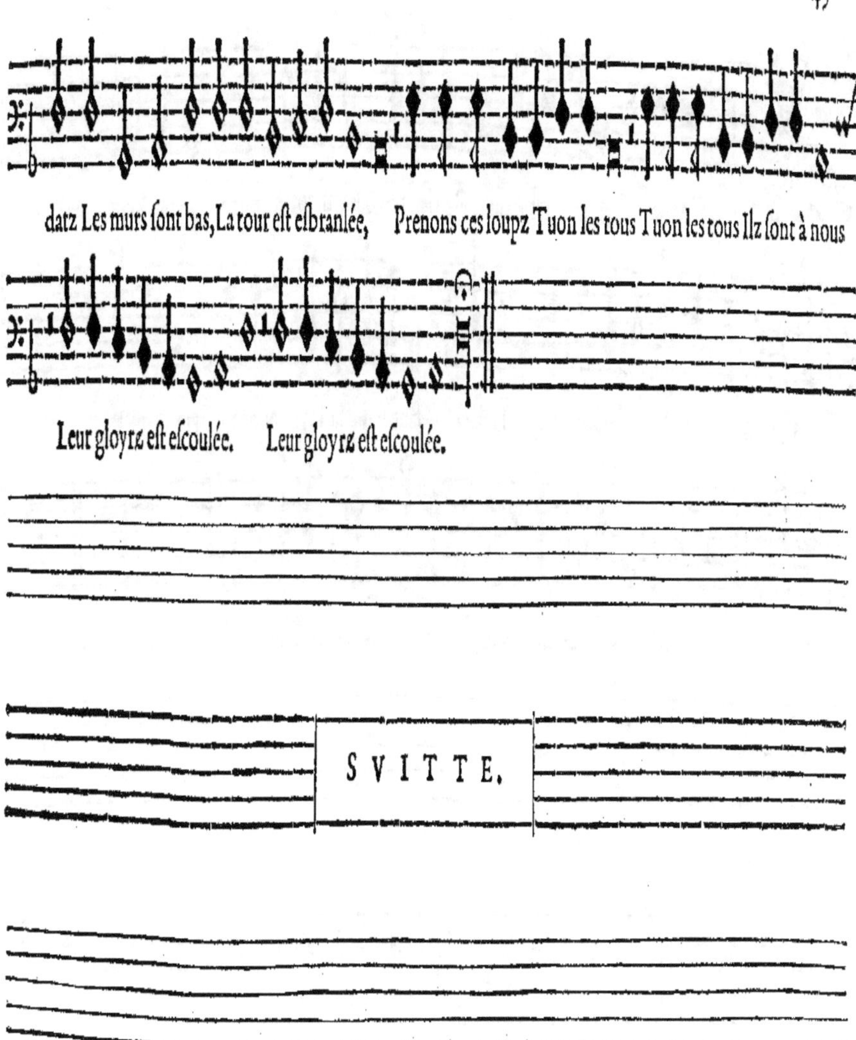
datz Les murs ſont bas, La tour eſt eſbranlée,   Prenons ces loupz Tuon les tous Tuon les tous Ilz ſont à nous
Leur gloyra eſt eſcoulée.   Leur gloyra eſt eſcoulée.
S V I T T E.

Mort A mort traiſtres A mort De rien ne vous ſert votrꝫ effort, Vous vous fiez en voz murailles Et nous au grand-Dieu des batailles, Lequel en faueur de ſa loy Donne victoyre victoyre victoyre Donne victoyrꝫ à notre Roy. Donne victoyre victoyre victoyre Donne victoyrꝫ â notre Roy.
HELAS SEIGNEVRS,
SE TAIT.

Oycy le Roy .ij. des Roys le magnificque, Canticque donc en foit à Dieu chan-
té. Canticque. .ij.
Suitte.
derniere.
Oué foit Dieu notre Roy fouhaitté Vient entre nous pour les fiens recongnoiftre, Arriere
donc Arriere le Prince feducteur, Car ceftuy la n'eft point le vray Pafteur Qui veut ceans entrer par la feneftre. Qui veut ceans entrer par la feneftre.

V clair foleil vient la lumiere au móde, Mais de tes yeux vient au miés leur clairté De fes ray-
ons procedz vn chaut efté, Des tiens en moy vn feu cruel habonde D'un efté chaud rouffit la moiffon blonde Qui
fecheroit fans meur auoir efté, Si ce n'eftoit la douce humidité, Qu'efpand deffus la nue affez feconde. Ainfi du feu .ij. qu'en moy vas allumát Sechera tot mon pauure corps flámant, Si deffus luy .ij.
n'efpandz l'eau de ta grace, O belle donc .ij. parcille au clair Soleil, Commande tot .ij.

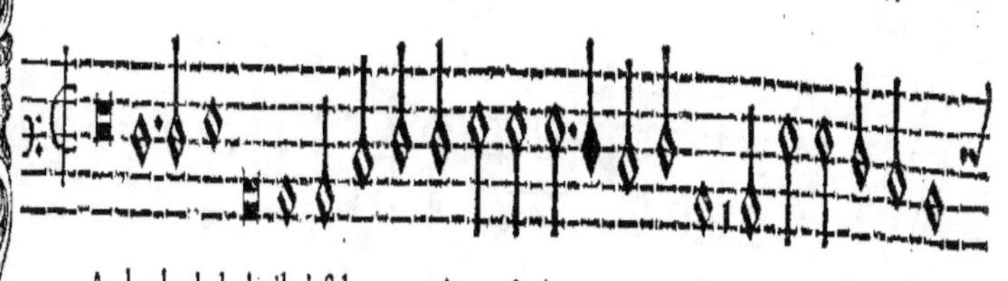
As las las helas! il n'est homme viuant Qui en tout doux beaucoup d'amer ne treu-

ue, Tant soit il riche, excellent & sçauant Exemple maint le manifeste & preuue, Cela que plus l'hom-

me pour bien appreuue L'afflige plus le molestz & tourmente, tourmen- te, Et presque tout ce que sa

langue espreuue Pour meilleur gout luy est chose nuisante.

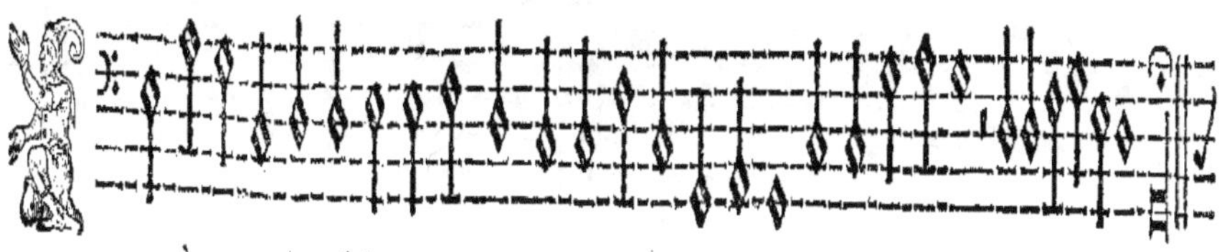
à ton priué conseil, Qu'à mon torment quelque faueur on face. Qu'à. ,ij.

M

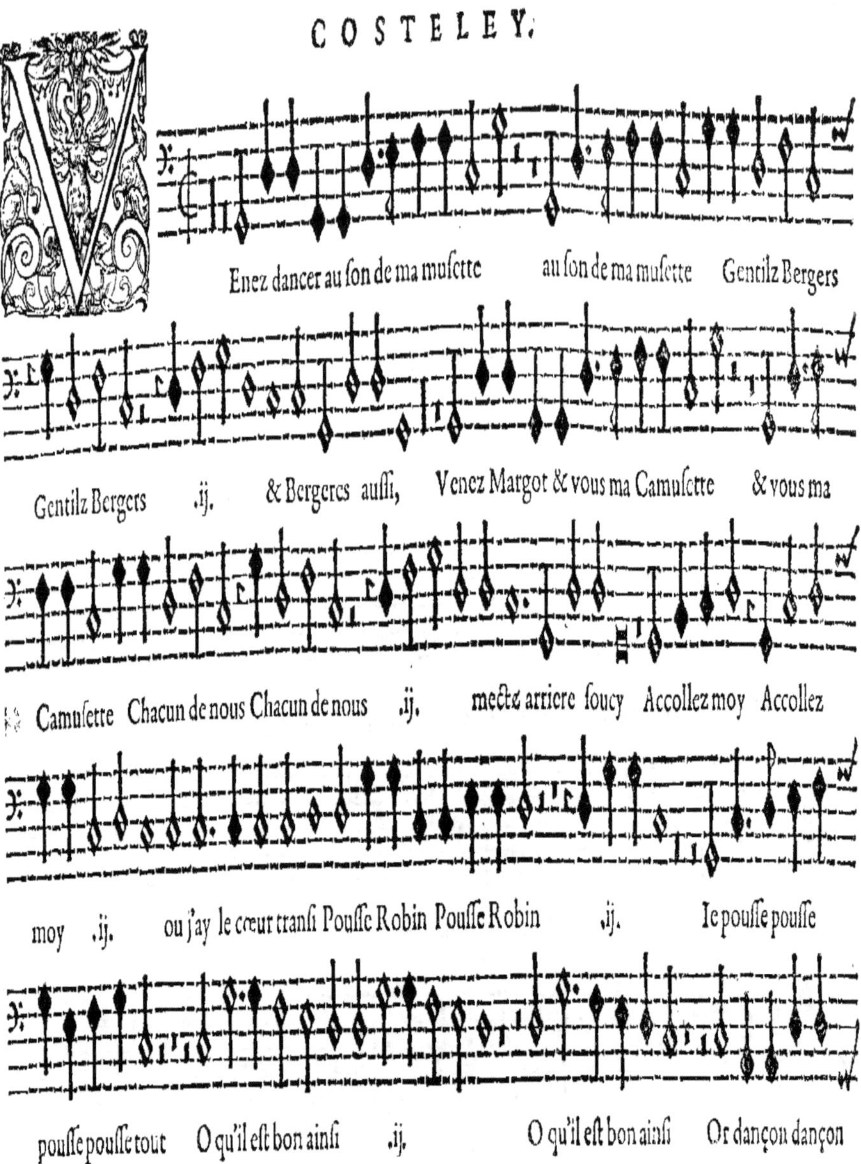
Enez dancer au son de ma musette au son de ma musette Gentilz Bergers
Gentilz Bergers .ij. & Bergeres aussi, Venez Margot & vous ma Camusette & vous ma
Camusette Chacun de nous Chacun de nous .ij. mecte arriere soucy Accollez moy Accollez
moy .ij. ou j'ay le cœur transi Pousse Robin Pousse Robin .ij. Ie pousse pousse
pousse pousse tout O qu'il est bon ainsi .ij. O qu'il est bon ainsi Or dançon dançon

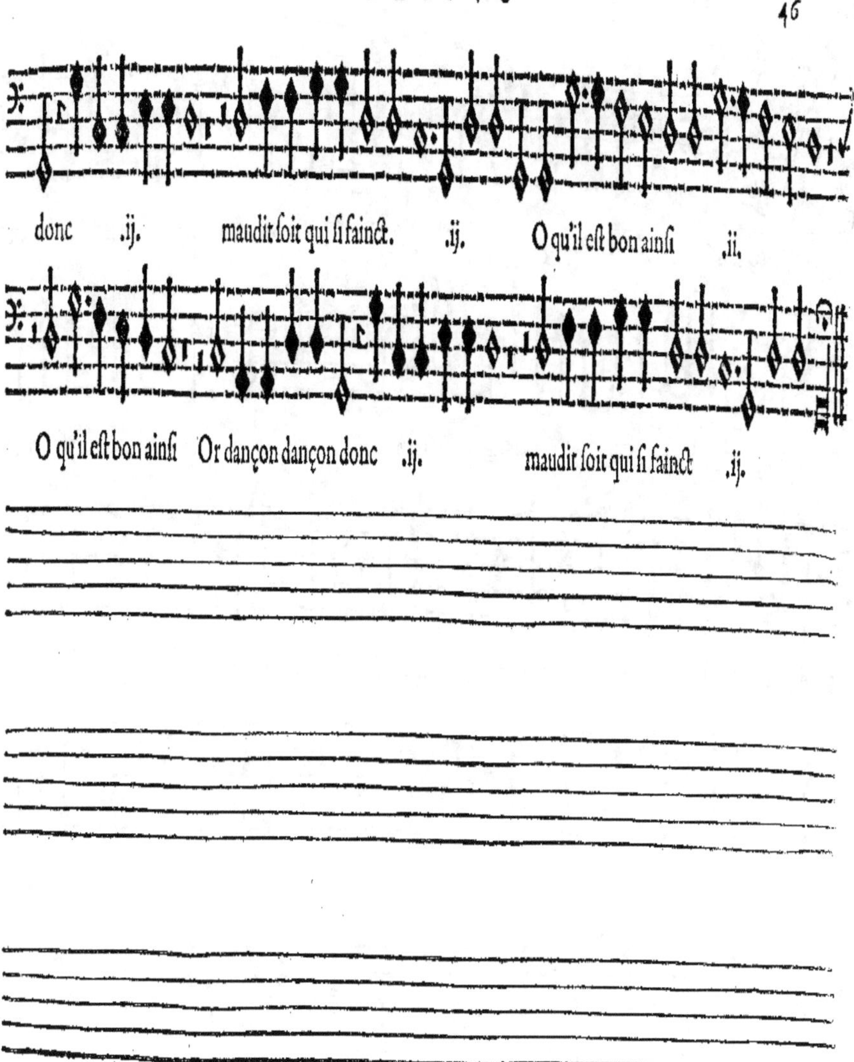
donc .ij. maudit soit qui si fainct. .ij. O qu'il est bon ainsi .ii.
O qu'il est bon ainsi Or dançon dançon donc .ij. maudit soit qui si fainct .ij.

N vſurier ſurpris de maladie,   Void ſon dáger ſans ſecours diligẽt ſans ſecours iãs ſecours

diligent,   On luy ordonne On luy ordõnɇ outrɇ ſa fantaſie,   Car riẽ n'en print,pour le couſt de l'argẽt pour le

couſt pour le couſt de l'argẽt ꞁꞁais tot craignát mourir cõmɇ indigẽt   vouloit luy mort ſon ſeruice petit, On luy de-

nie   .ij.   Or dit il faucɇ gent   .ij.   faucɇ gent   Ie n'en mourray encore   encorɇ en-

core par deſpit   Ie n'ẽ jen'ẽ mourray encore   .ij.   par deſpit.   or

Oyci la ſaiſon plaiſante Floriſſante Que le beau printems côduit, Voyci le ſo-
Voyci Pomona   la belle Qui pres d'elle Voit ſon amy Vertummus,   Voyci Vertum-
Voyci du ſaint mont Parnâſſe L'umble race De Iupiter qui deſcend: Voyci toute
Dieu vous gard' troupes gétilles, Dieu gard' filles, Dieu vo'gard' toutes & to'De gracz òu vo'
Roy genereux, franc & ſage,   Ton partage T'eſt ſi droictement acquis Que par ſa for-

leil qui chaſſe Froid & glace, Voyci l'eſté   qui le ſuit   Qui ſoupire   Parmy les Santes   des fleurs
mus qui daiſe La rebaiſe   Mille foys le jour & plus,   Bien parce   Qui tient Mars en amouté
ceſte pleine Desja pleine De ſon doux miel plus recent. A la file   Qui ſortent des eaux & boys,
allez belles: Immortelles, S'il vous plaît dictes le nous,   En concorde Maintenant icy viurons:
de peruerſe Qui renuerſe Iamais ne ſera conquis,   Et riuages,   Ioüy des fruitz de noz chams

Qui luy donne Vn baiſer tout plein d'odeurs.   .ij.
Bien apriſes   Des combatz l'ont retire.   .ij.
Ce me ſemble Le noble ſang des Valoys.   .ij.
Roy de France, Et Mars vaincu te liurons.   .ij.
L'heritage   Malgté les hommes meſchantz.   .ij.

Elas   Ie voy la belle verdure   Monter en forcz & vigueur,   Helas   He-
Helas   Ie voy ceste bande pleine   D'amour, de grace & douceur   Helas   He-
Helas   Ie voy pres de sa m'aitresse Chacun loyal Seruiteur: Helas   He-
Helas   De ces Amantz & leurs Dames Iouiffent de ta faueur: Amour A-

las Helas que j'ay de douleur. Helas   .ij.
las Helas que j'ay de douleur. Helas   .ij.
las Helas que j'ay de douleur. Helas   .ij.
mour Amour oftez ma douleur. Amour   .ij.

amoureux Frácz de ſoupço, Francz de rigueurs Pour ſoubz vn faux bruit ne plier Que l'amour à voulu lier.
de mourir De la main d'un braue veinqueur, Heureux l'Amour quand on n'y ſent De jalouſie le tourment.
rer le miel Plus doux que le fiel n'eſt amer, Apres vn faux ſoupçon cuiſant L'amour ſe trouue plus plaiſant
endurcy, Et rebelle, ſoubz ſes liens, Ceux doiuent volontiers plier Qu'il plaiſt à l'amour de lier.

.ij. Que l'amour à voulu lier.
.ij. De jalouſie le tourment.
.ij. L'amour ſe trouue plus plaiſant.
.ij. Qu'il plait à l'amour de lier.

Prouerbes de Salomon parlant du Roy.

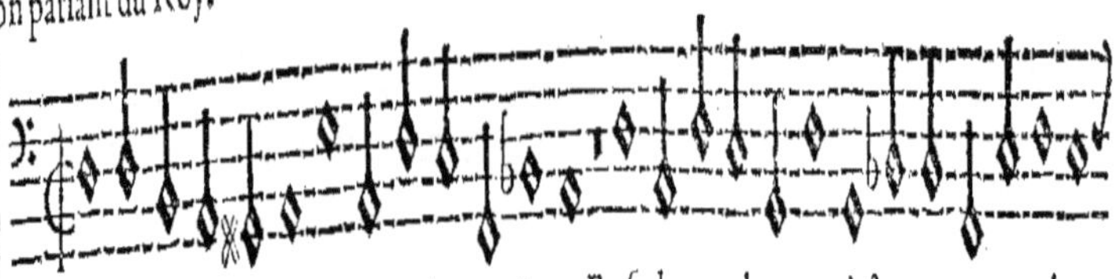

LE viaire ferain de mon Roy, me donne vie Et fa beneuolence m'eft, comme vne pluye
Sa fureur fe void au mefchant, tout au contraire, Car elle eft cõme de la mort la meffagere:
Les leures q̃ vont juftemẽt à mõ Roy plaifẽt. Celles q̃ marchẽt au rebours trop luy déplaifẽt
Faire aucune mefchanceté deuant fa face Luy eft abomination qu'il hait & chaffe:
Crain donc l'Eternel & ton Roy, ô homme frefle! Et auec gens entreprenans ne t'entremefle:
Le Roy n'eft feulement puiffant, mais beneuole: Et d'un feruiteur fage & prompt il fe confole:
Le Roy fur le fiege feand de la iuftice Diffipe par fon feul regard tout malefice:
Son cœur trefpur es mains de Dieu fied & repofe, Si bien qu'à tout ce qui luy plait il le difpofe:
Le Trone de mon Roy qui fuit toute clemence (Prenant le poure en équité foubz fa deffence)
Le Prince fait extorfions qui fuit le vice: Mais le Roy fage & liberal hait l'auarice:
O que le pas de mõ Roy franc fe marche hõnefte! Comme le pas du fort Lyon dreffant la tefte,
O que que fon viaire m'eft ferain, me donnãt vie! Sa bonne grace fait en moy cõme vne pluye

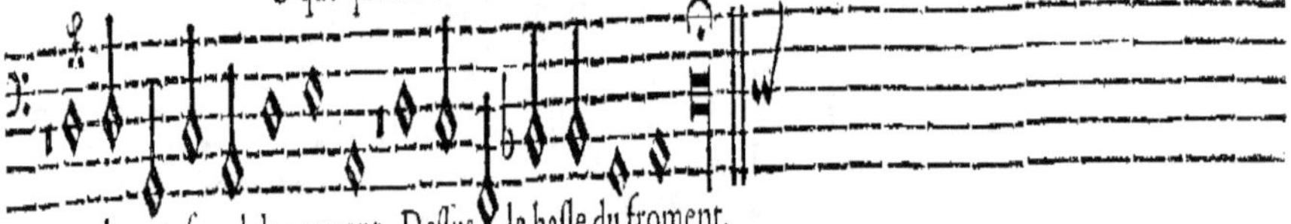

Que la nue efpand doucement Deffus le hafle du froment.
Mais qui bien fe gouuernera Dauec foy la deftournera.
Mais qui le droit prononcera De luy tousjours aymé fera.
Car fon Trone bien accomply Sur la juftice eft eftably.
Car foudain la confufion Amenera perdition.
Mais qui pourchaffe fon ennuy Son courroux fera contre luy.
Et là fa graue majefté Ne prononce que l'équité.
Et comme des eaux le decours Auffi Dieu gouuerne fon cours.
Sera par fecret fupernel Des cieux eftably eternel.
Pour-tant Dieu luy promet auffi De prolonger fes jours icy.
Et qui retourner ne voudroit Pour tout ennemy qui viendroit.
Que la Nue efpand doucement Deffus le hafle du Froment.

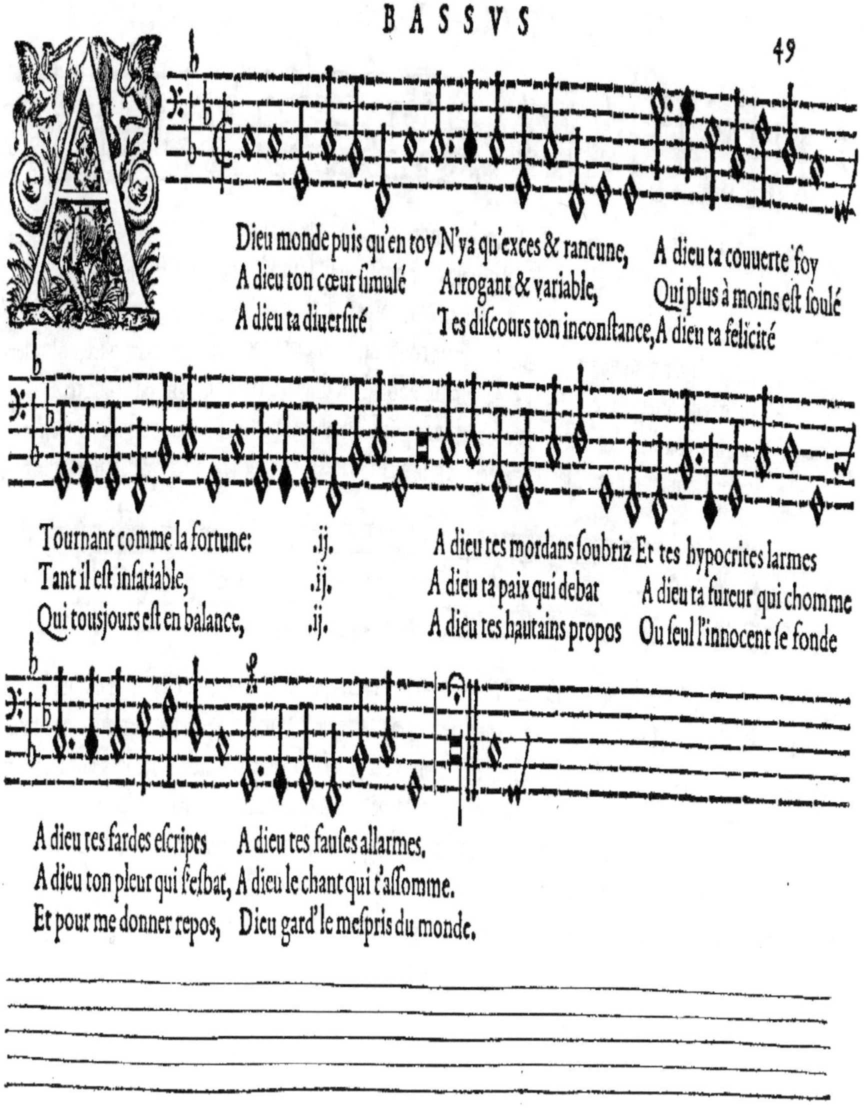

Dieu monde puis qu'en toy N'ya qu'exces & rancune,   A dieu ta couuerte foy
A dieu ton cœur simulé   Arrogant & variable,   Qui plus à moins est soulé
A dieu ta diuersité   Tes discours ton inconstance, A dieu ta felicité

Tournant comme la fortune: .ij.   A dieu tes mordans soubriz Et tes hypocrites larmes
Tant il est insatiable,   .ij.   A dieu ta paix qui debat   A dieu ta fureur qui chomme
Qui tousjours est en balance,   .ij.   A dieu tes hautains propos Ou seul l'innocent se fonde

A dieu tes fardes escripts   A dieu tes fauses allarmes.
A dieu ton pleur qui s'esbat, A dieu le chant qui t'assomme.
Et pour me donner repos,   Dieu gard' le mespris du monde.

N

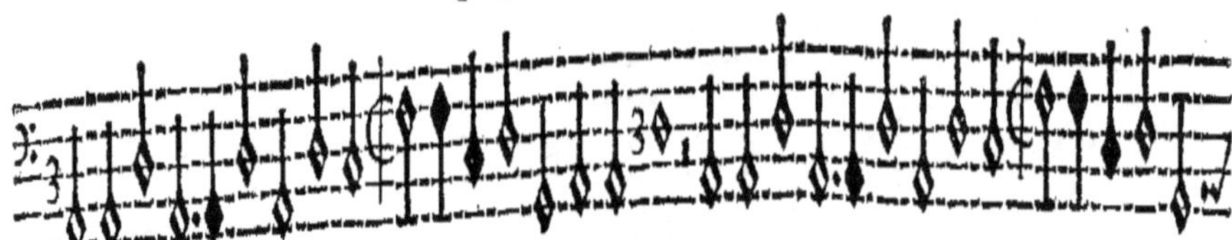

CEluy qui dit les Astres nous conduire Selon leur mouuement Si que n'auons la puissance de fuire Leur diuers
Car à bon droit le meschāt pourroit dire Pourquoy me punit on Et le meilleur ne deuroit sur le pire Emporter
Car en l'humaī faut deux choses cōgnoistre, C'est l'esprit & le corps Qui fōt en luy deux vouloirs apparoistre Réplis de
Quand Sçeuola, de la vertu complice Brusla sa main constant, Et que les saintz s'offrirent au supplice, La foy leur
Ou si le bien doit remporter salaire, Le mal punition: Soit donc d'ātāt qu'on peut plaire ou desplaire, A sa com-
Et ne faut point que l'on die habitudes Les forces de l'esprit: L'hōme premier sans labeurs ou estudes De son fa-
Et c'est pourquoy l'homme noble d'iffere D'auecques le brutal Quand par l'esprit il fait au corps parfaire Le bien au

chāgemēt Et que les Roys peuples & princes Par eux maintiénét leurs prouinces Tel hōme est plein d'inicque jugemét
quelque don Puis qu'au bō ou meschāt affaire Nul d'eux ne peut autrement faire Nul d'eux aussi ne merite guerdon.
grādz discordz Car le corps veut sō humeur suiure Et l'esprit veut prudémét viure, Rōpāt du corps les sensuelz effortz.
assistant,   Bien que la chair feist resistance, L'esprit n'eust il pas la puissance? Autre animal n'en sçauroit faire autant
plexion,   Et que des Astres l'influence Donne de lieu à la prudence   Dont s'enrichit notre condition.
cteur les prit: Qui le créa franc en son estre Comme de vice & vertu maistre Qu'a son vouloir il condamne ou eslit
lieu du mal, Prenant de l'Eternel sa force Qui toutes choses s'il veut force: Voire s'il veut tout ce qu'on dit fatal.

L n'est trespas plus glorieux
O troys & quatre-foys heureux
De ceux la les oz enterrez
Ah! que je hays le soudart
D'autant me semble-il villain
Ah! Fraçoys soyons plus humains,

Que de mourir audacieux
Ceux qui d'un fer auantureux
Ne seront de l'oubly serrez;
Qui ha le courage couard
Monstrer son dos d'ulceres plein,
Ne nous tuons plus de noz mains:

Parmy les trouppes
Se laissent arra-
Ains recompensez
Et qui par vne
Qu'il est entre nous
Sus que noz guerrie-

combatantes:
cher la vie;
d'une gloyre
lasche fuitte,
honorable
res phalanges

Que de mourir deuant les yeux
Et meurent d'un cœur genereux
Reuiuront tousjours honorez,
Se trouuant au commun hazard
De porter au milieu du sein
Aillér en quelques lieux loingtains

De tant de personnes vaillantes.
Pour le Roy & pour la patrie.
Dedens le cœur de la memoire.
Le danger de la mort euite.
Vne cicatrice notable.
Combatre les Peuples esttanges.

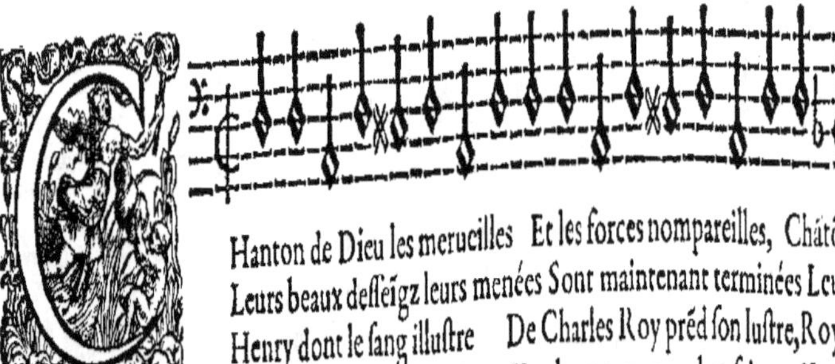

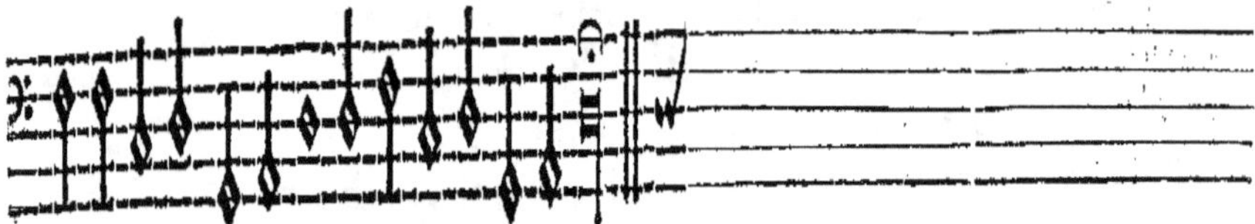

Il renge ſoubz ſes decretz.　　.ij.
Le treſmeſchant Nicanor.　　.ij.
Quel'heur vous auez receu.　　.ij.
Sans fin louange & honneur.　　.ij.

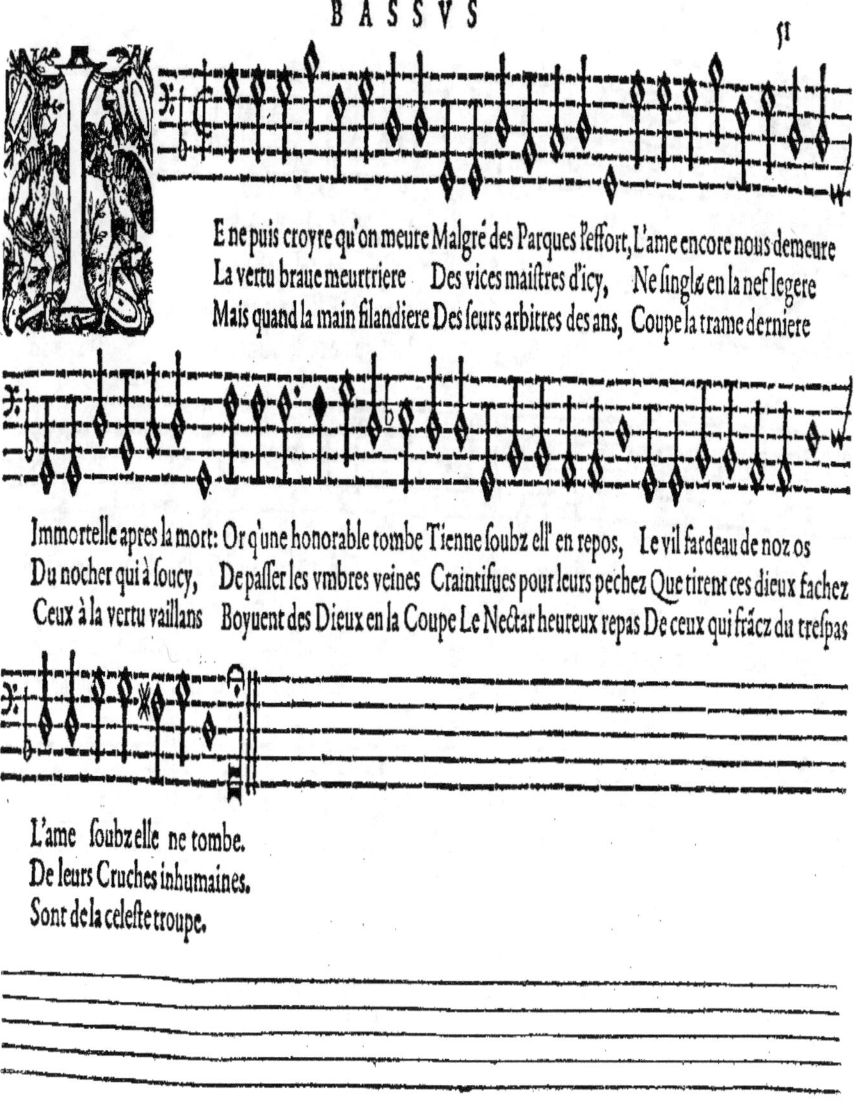
E ne puis croyre qu'on meure Malgré des Parques l'effort, L'ame encore nous demeure
La vertu braue meurtriere   Des vices maiſtres d'icy,   Ne ſinglæ en la nef legere
Mais quand la main filandiere Des ſeurs arbitres des ans, Coupe la trame derniere

Immortelle apres la mort: Or q'une honorable tombe Tienne ſoubz ell' en repos, Le vil fardeau de noz os
Du nocher qui à ſoucy,   De paſſer les vmbres veines Craintifues pour leurs pechez Que tirent ces dieux fachez
Ceux à la vertu vaillans   Boyuent des Dieux en la Coupe Le Nectar heureux repas De ceux qui frācz du treſpas

L'ame ſoubz elle ne tombe.
De leurs Cruches inhumaines.
Sont de la celeſte troupe.

Ombien roullent ilz d'accidens Des cieux fur les chofes humaines
Notre courte felicité
Notre France qui f'efleuoit
Helas qui la releuera
Coule & recoule vagabonde
Sur tous les Royaumes du monde
De fa ruine & decadence?
De combien
Ainfi q'un
Et qui tri-
De vous ô

d'effaitz difcordans Ont ilz leurs influences pleines
Nauire agité
omphante efclauoit
Sire, ce fera
Des vagues contraires de l'onde
A fa grandeur la terre & l'onde
Le bon confeil & la vaillance?
Apres les grandeurs incertaines
Celuy qui vollage fe fonde
Maintenant d'autant plus abôde
On voit deffa l'experience
L'on fe tour-
Sur vn fi
En cruel-
Quand au feul

mente vainement Car comme elles viennent foudaines
douteux fondemét Semble qu'en l'arene infeconde
les aduerfitez
bruit de votre nom Deuant vous f'enfuit l'arrogance,
Que jadis elle eftoit feconde
Elle f'en vont foudainement.
Il entreprenne vn batiment.
En joyeufes profperitez.
Le feu, le glaiue, & le Canon.

'Vn gofier machelaurier, l'oy crier   Dans Lycofron ma Caffandre, Qui propheti-
Ayants la mort dens le fein. De leur main Ploboyent leur poictrine nue Et tordans leurs
Ainfi pour ne croire pas Quand tu m'as Predit ma peine future: Et que je n'au-
ze aux troyens Les moyens Qui les tapiront en cendre, Mais ces poures obftinez   Deftinez   Pour ne
cheueux gris De longscris Ploroyet qu'ilz ne l'auoyet crue, Mais leurs cris n'eurent pouuoir D'efmouuoir Les Grecz
roys en don Pour guerdon De t'aymer, que la mort dure: Vn grand brafier fans repos,   Et mes oz,   Et mes
croire à ma fibille   Viret bien que tard apres Les feuz Grecz Forcenez parmy leur ville.
fi chargez de proye Qu'ilz ne laifferent fi non Que le nom   De ce qui fut jadis Troye.
nerfz, Et mó cœur brufle:Et pour t'amour j'ay reçeu Plus de feu Que ne feit Troye incredulle.

Prouerbes de Salomon

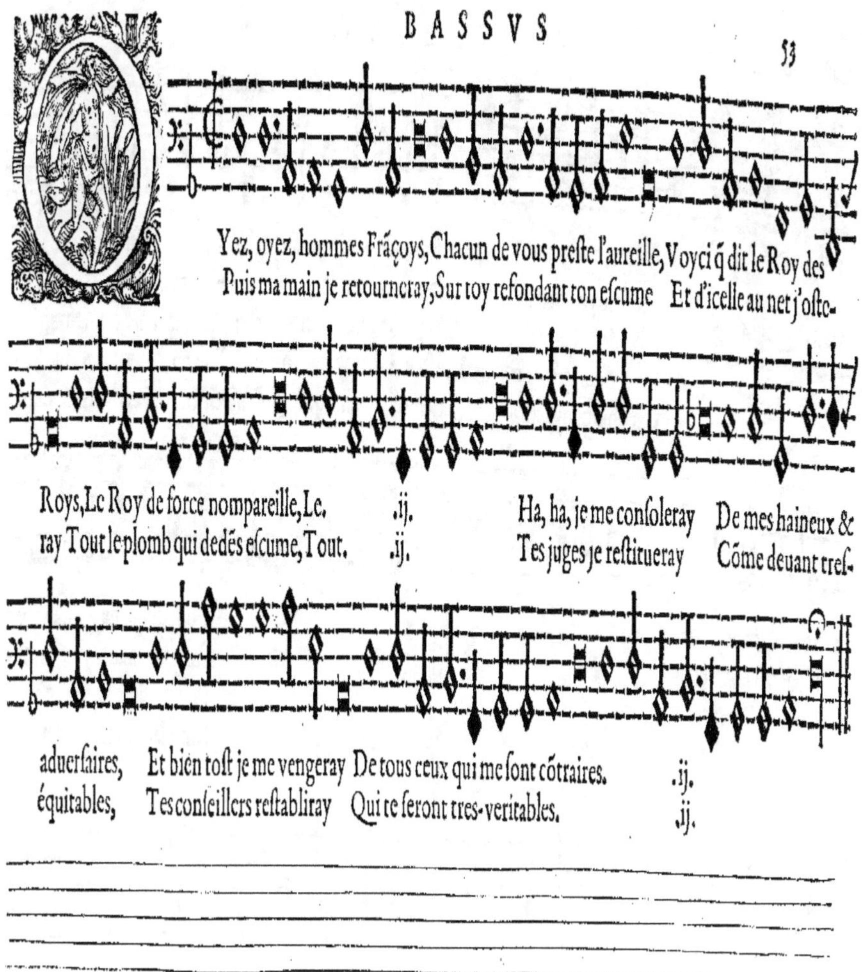
Yez, oyez, hommes Fráçoys, Chacun de vous preſte l'aureille, Voyci q̃ dit le Roy des
Puis ma main je retourneray, Sur toy refondant ton eſcume   Et d'icelle au net j'oſte-

Roys, Le Roy de force nompareille, Le.   .ij.   Ha, ha, je me conſoleray   De mes haineux &
ray Tout le plomb qui dedés eſcume, Tout.   .ij.   Tes juges je reſtitueray   Cõme deuant treſ-

aduerſaires,   Et bien toſt je me vengeray De tous ceux qui me ſont cõtraires.   .ij.
équitables,   Tes conſeillers reſtabliray   Qui te feront tres-veritables.   .ij.

O

Ve des baisers de sa bouche Mon amy la mienne attouche, Car tes baisers amoureux
Tire moy donc amy tire, Nous courrons apres toy Sire: En ses chambrettes le Roy
Filles de la Cité saincte, De couleur noire suis teincte: Mais plaisante toutefoys
Les filz qui sont de ma mere Iectent sur moy leur colere, Puis en leur force ilz me font
Car pourquoy seray-je cóme Celle qui craint qu'ó la nóme? Se tirant vers les troppeaux

Sont plus que vin sauouteux Car. .ij.
Nous fait chanter auec soy En. .ij.
Comme les tentes des Roys Mais. .ij.
Garde des vignes qu'ilz ont Puis. .ij.
De tes compagnons loyaux. Se. .ij.

L'odeur qui de ton musq part
Parquoy souuenance aurons
Pource esgard à moy n'ayez
Ainsi sans garde on detient

Ton nom cóme vnguent espard, Pource les belles pucelles Te desirent auec elles.
De tes amours qu'aymerons Voyre plus que le vin mesme Car qui est droicturier t'ayme.
Si brunette me voyez, Car le Soleil qui me garde De son ardeur me regarde.
La vigne qui m'appartient: O amy qui sçais ces choses! Mande moy où tu reposes.

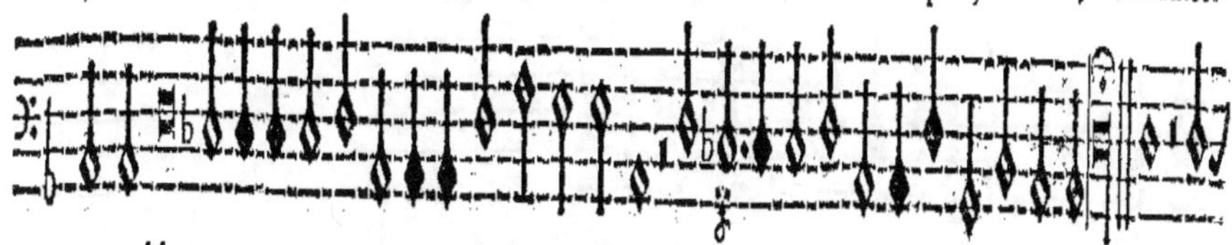

Ous voyons que les hommes Font tous vertu d'aymer, Et fotes que nous fômes, Voulôs l'a
N'ature plus qu'eux fage Nous a en vn corps mis Plus propre à ceft vfage, Et nous eft
O malheureufe enuie, Des hommes rigoreux, Qui priuent notre vie Des plaifirs
Et fi fut fi molefte, Iadis au Dieu des dieux, Ofant fon feu celefte, Porter en
Ayant par fa malice, Introduit finement, Qu'aymer ne feroit vice, Qu'aux fêmes
Et fera la vengeance, Les vns mourans d'auoir Eu trop de jouiffance, Les autres

mour blamer Ce qui leur eft louable, No⁹ tourne à deshôneur, O faute inexcufable, O dure loy d'honneur.
mois permis O peu de cognoiffance De leur trop grâd youloir, Et de leur impuiffance, Et de notre pouuoir.
amour eux Si des le premier aâge Ce fexe audatieux, Par injure & outrage, Voulut forcer les cieux
ces bas lieux Ce n'eft poît de merueille S'il nous à auffi fait Prefque injure pareille Sans luy auoir meffait.
feullement Si leur outrecui dance Sçeurent punir les dieux, Nous auons efperâce, Qu'ilz no⁹ végerôt d'eux
de le voir.

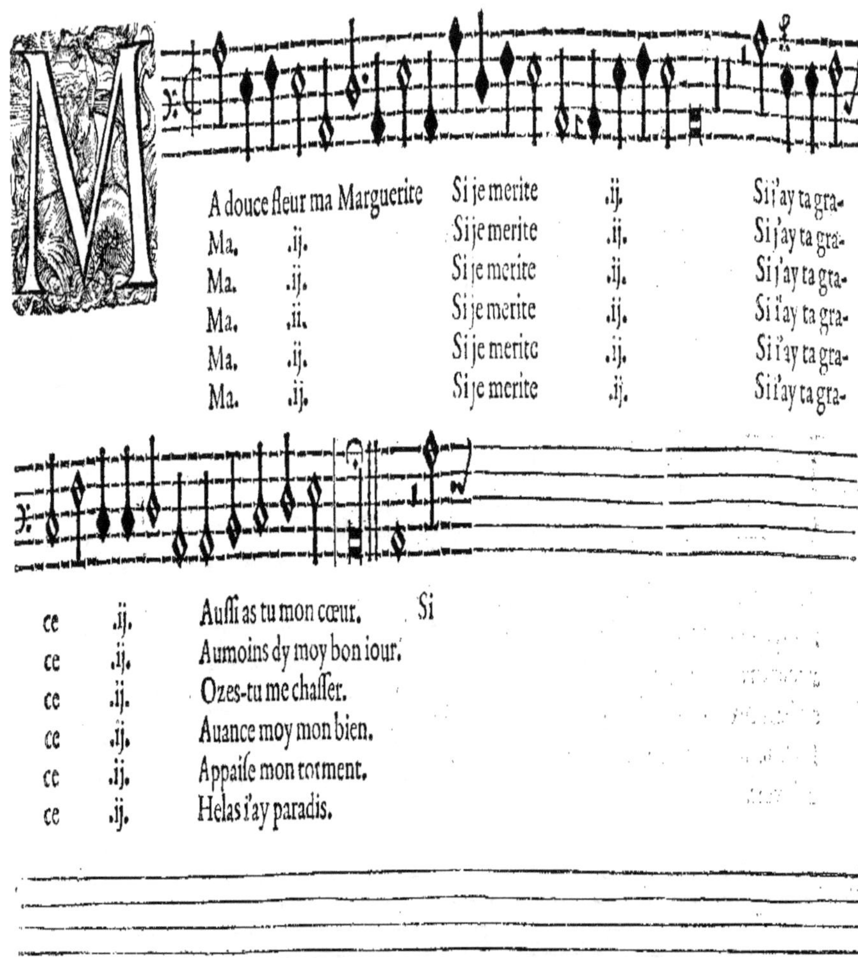
A douce fleur ma Marguerite
Ma. .ij.
Ma. .ij.
Ma. .ii.
Ma. .ij.
Ma. .ij.
Si je merite .ij.
Si je merite .ij.
Si je merite .ij.
Si je merite .ij.
Si je merite .ij.
Si je merite .ij.
Si j'ay ta gra-
Si j'ay ta gra-
Si j'ay ta gra-
Si ï'ay ta gra-
Si ï'ay ta gra-
Si ï'ay ta gra-
ce .ij.
ce .ij.
ce .ij.
ce .ij.
ce .ij.
ce .ij.
Aussi as tu mon cœur. Si
Au moins dy moy bon iour.
Ozes-tu me chasser.
Auance moy mon bien.
Appaise mon totment.
Helas ï'ay paradis.

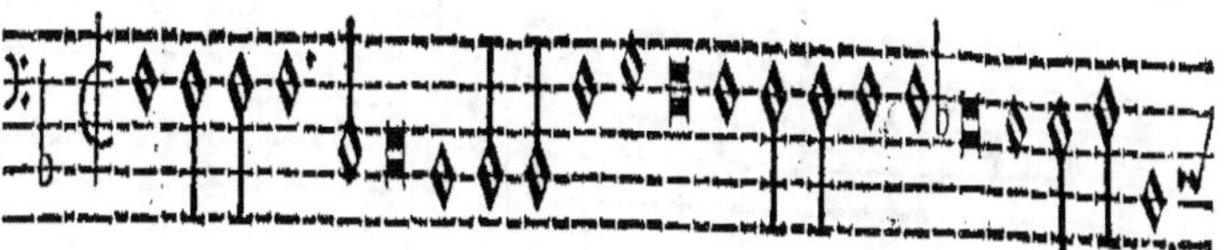

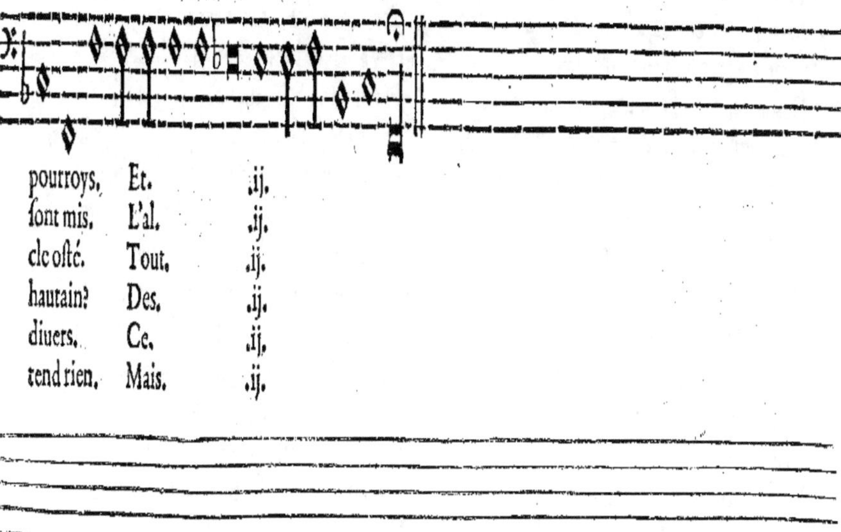

Que ie ſuis troublé! Ie ſuis d'ennuis comblé: Et quand je le voudroys Taire ne me
I a Trompette à ſonné　Dont je ſuis eſtonné:　L'allarme & le chaplis　Enſemble ſe
L'horreur s'en va ſuiuant Le mal qui va deuant:　Tout en terre eſt gaſté,　Mon taberna-
Iuſques à quand voirray L'Eſtandart, & oirray　Des trompettes d'arain Le ſon fier &
Peuple fol deuenu,　　Pourquoy m'as decôgnu? Ce ſont enfãs peruers R êplis d'eſpritz
Ilz ſont ſages & promptz A malfaire,& felons:　Mais à faire le bien　Chacũ d'eux n'é-

pourroys,　　Et.　　　.ij.
ſont mis,　　L'al.　　.ij.
cle oſté.　　Tout.　　.ij.
hautain?　　Des.　　　.ij.
diuers.　　　Ce.　　　.ij.
tend rien.　Mais.　　.ij.

Omment a l'Eternel obscurcy par son ire La fille de sion, iusques à la destruire.   .ij.
Il â iecté du ciel par sa cruelle guerre
Les Nobles d'Israël à l'uni de la terre.

   Le Seigneur à conclu que de Syon la fille
Voirroit son ennemy qui ses richesses pille.

Au jour de son courroux, pour sa iuste querelle,
Il a mis en oubly de ses piedz la scabelle.

   A tendu le niueau, sa main n'a retirée
De la destruction encontre elle iurée.

Le Seigneur a mis bas de Iacob la plaisauce:
De la fille à Iuda les fortz & la puissance.

   A par terre enfondré ses tresmassiues portes,
Debrisé ses verroux, & ses serrures fortes.

Ses Princes à souillez, a la corne brisée
D'Israël esleué, par son ire embrasée.

   Ses princes & Roy sont entre la gent cruelle,
Et n'y à plus de loy en ce peuple rebelle.

Deuant l'ennemy fier il à mis en arriere
Sa main bruslant Iacob d'une flamme meurtriere.

   Plus n'y à du Seigneur nulles visions faictes
Qui viennent esmouuoir les espritz des Prophetes.

Il à tendu son arc en son courroux extresme.
Appliquant son bras droict côme l'ennemy mesme.

   Les anciens assiz sur la terre on void taire,
De poudre tous conuertz, & vestus de la haire.

Tout cela qui plaisoit à l'œil au Sanctuaire
Le Seigneur l'a tué se faisant aduersaire.

   De la saincte Cité les vierges oppressées
Toutes leurs testes ont contre terre baissées.

A desfaict Israel, brisé ses forteresses,
Dissipé ses palais, augmenté ses détresses.

   Mes yeux sont deffaillis à grand force de larmes,
Mes entrailles font bruit oyant telles allarmes.

Il à comme vn jardin sa maison esclattée,
La feste mise bas, & l'eglise gastée.

   D'autant que les petitz, & ceux de la mammelle
Deffaillent es carfours de ceste Cité belle.

En indignation de sa fureur tresgrande
A reprouué le Roy, & des prebstres la bande.

   Ilz ont dit, oppressez entre tant de miseres,
Où est nostre froment? où est le vin? ô Meres!

A froissé son autel, es mains de ses contraires
Liuré de ses palais les murailles austeres.

   Lors comme le nauré tombant parmy la rue
Rendoyent l'esprit au sein de la mere esperdue.

En sa saincte maison, au jour de leur entrée
Comme au iour solemnel, leur voix ilz ont iectée.

   Que te t'estifieray? & à quoy comparée
Seras-tu maintenant? ô Vierge deplorée?

Qui te consolera pour guerir ta blessure?
Grande comme la mer on peut voir ta cassure.
  De tes prophetes faux tu as creu les parolles
T'ayant fait speculer choses vaines & folles.
  Ilz n'ont point reuelé ta grande forfaicture
Affin de destourner ta captiuité dure.
  Mais ilz t'ont speculé soubz façons adoucies.
Plusieurs esgarementz, & faules propheties.
  Chacun qui void cecy sur toy son ris assemble:
Les passantz estrangers en vont disant ensemble.
  Est-ce cy la Cité nommée auant la proye
Couronne de beauté, & du monde la joye?
  Tes aduersaires ont sur toy la bouche ouuerte,
Ilz ont grincé les dentz, ilz ont ry de ta perte.
  Crians, deuorons-la, Car de fait la journée
Que nous attendions nous à esté donnée.
  Ainsi donc le Seigneur a parfait sa parolle,
A resjoüy sur toy l'homme qui te desole.
  Quand il crie au Seigneur, ô de Sion la fille?
Voycy ton ennemy qui tes richesses pille:
  Iecte larmes de iour & de nuict comme vn fleuue:
La prunelle de l'œil repoz en toy ne treuue.
  O fille leue toy! pourquoy ores sommeilles?
Chante au Seigneur de nuit des les premieres veilles.
  Leue tes mains vers luy pour tes filz qui languissent
Par la faim qui les tient, que point ilz ne perissent.
  Las! s'il te plait, Seigneur, regarde & considere
Qui tu as vendengé, & ton ire modere.
  Mangerôt donc leurs fruitz les femes douloureuses?
Et leurs enfans petitz par trop estre angoisseuses?

  Le Sacrificateur, & le Prophete encore
Seront ilz au sainct lieu craignant qu'on les deuore?
  L'enfant & l'ancien sont couchez par les rues:
Mes jouuenceaux occis, mes vierges abbattues.
  Tu les as mis à mort sans les espargner, Sire,
Tu les as mis à mort au dur iour de ton ire.
  Comme au iour solemnel, en tes fureurs terribles,
As conuié chelz moy mes frayeurs treshorribles.
  Au iour de la fureur du Seigneur admirable
Il n'est nul eschappé de sa main redoutable.
  Mon ennemy ha lors consumé sans deffance
Ceux dont i'auoys nourry, & esleué l'enfance.
  Vn pauure peuple suis, affligé par mon vice
En l'indignation de ta forte iustice?
  C'est toutefoys, Seigneur, de ta beneficence
Que ne sommes du tout perdus par notre offence.
  Car ta compassion n'est-point trop eslongnée:
Renouuelée elle est chacune matinée:
  Grande chose est ta foy: ie diray donc sans cesse,
Le Seigneur est ma part, i'attendray sa promesse.
  L'attendre il est tresbon, car du peuple paisible
Le salut, au Seigneur n'est iamais impossible.
  Ce-pendant voy côment mes ennemis me chassent.
Côme on chasse l'oyseau sâs cause ilz me pourchassét:
  Ren leur donc, ô Seigneur, ren leur donc le seblable
Et de leurs mains selon l'effect abominable.
  Tu leur prononceras douleur de cœur tresgriefue,
Et malediction qui les ruïne & griefue.
  Tu les pourchasseras en ton ire formelle,
Et de dessoubz le ciel destruiras leur sequelle.

E celeste Flambeau Des autres le plus beau Toutnát en double cours, Et ordinaire
L'ample mer est souuent Agitée du vent Mais je suis tourmenté Plus que son vnde
Des que fuz mis es mains Des hómes inhumains Mars le móde troubla De meurtre & vice,
Depuis je n'ay cessé D'estre fort oppressé Finement attrappé Par mer & terre
Tous les jours cizaillé, Fricassé, tenaillé, Par tant de mains passé Mal à mon aise,
De l'un suis trop aimé Qui me tient enfermé, Et l'autre desirant Viure en liesse
Ie n'ay aucun plaisir, N'y repos, n'y loisir En vn lieu seiourner Et me faut estre
O si la paix d'enhaut Ca bas faisoit vn saut Mes mébres mónoyez Seroyét plus fermes

Ne font point tant de tours Qu'on m'en fait faire.　　.ij.
Par ma folle bonté Seruant au monde.
Et la terre combla De maléfice.
Fondu, forgé, frappé, Porté en Guerre.
Chargé, cloué, cassé, Mis en fournaise.
Tousjours me va tirant Piece apres piece.
Prompt à me destourner Et changer maistre.
Et trop mieux employez Qu'à faire allarmes.

La trompette animant l'affaut
Ne l'efueille point en furfaut
Et ne craint point gendarme
Le danger de l'allarme.

Ores il eftend les rameaux
D'un fep vineux fur les ormeaux
Qui d'une efpaulle forte
Leuent fa Iambe torte.

Ores pour le miel doucereux
Il emmaifonne defireux
En ruches encirées
Ses auettes dorées.

Puis quand la marine vefper
Luy fait fouuenir de fouper
Et que la nuit prochaine
Enuelope la pleine

Ses bœufz trainans d'un col laffé
Le foc ennuyeux renuerfé
Vont cercher à l'eftable
Leur repos delectable.

Et luy de retour au logis
Auecques les fiens bien regis
Amiablement fouppe
Au milieu de la troupe.

Non pas côme entre nous efpointz
De mille tyrannicques foingz
Qui nous rendent amere
La viande ordinaite.

Nous de qui le fomne oublieux
Ne peut fi bien filler les yeux
Qu'entretenus d'un fonge
Le foucy ne nous ronge.

Vne enuieufe mauuaiftié
Noz cœurs efpoins d'inimitié
Sans relafche bourrelle
D'une ghefne cruelle.

Bellonne les cheueux efpars
Se plonge au fein de noz foudars
Leur pinçant les entrailles
De mordantes tenailles.

Qui comme lions acharnez
S'entredechirent obftinez
D'une dague ennemye
La poictrine blefmie.

Helas douce Paix quand veux-tu
Triompher de Mars abbatu?
Quand veux-tu cefte Guerre
Enfeuelir foubz terre

C'eft toy déeffe qui nous peux
Combler de bon heur fi tu veux,
Sans toy l'humaine vie
D'aucun bien n'eft fuyuie.

Enlace d'un nœud foubz tes Loix
Tous noz vaillantz Painces Gaulloys:
Et leurs haines mandittes
Chaffe loin fur les Scythes.

Deftourne ces meurtres hydeux
De noz champs,& laiffe au lieu d'eux
Aux Ames citoyennes
Les douceurs anciennes.

Du Lys alors deffoubz la fleur
Vourons à Dieu pour le bon heur
D'un fi grand benefice
Annuël facrifice.

Et conduitz de notre grand Roy
Dancerons à l'entour de foy
Chantant bien fortunée
Vne telle iournée.

P

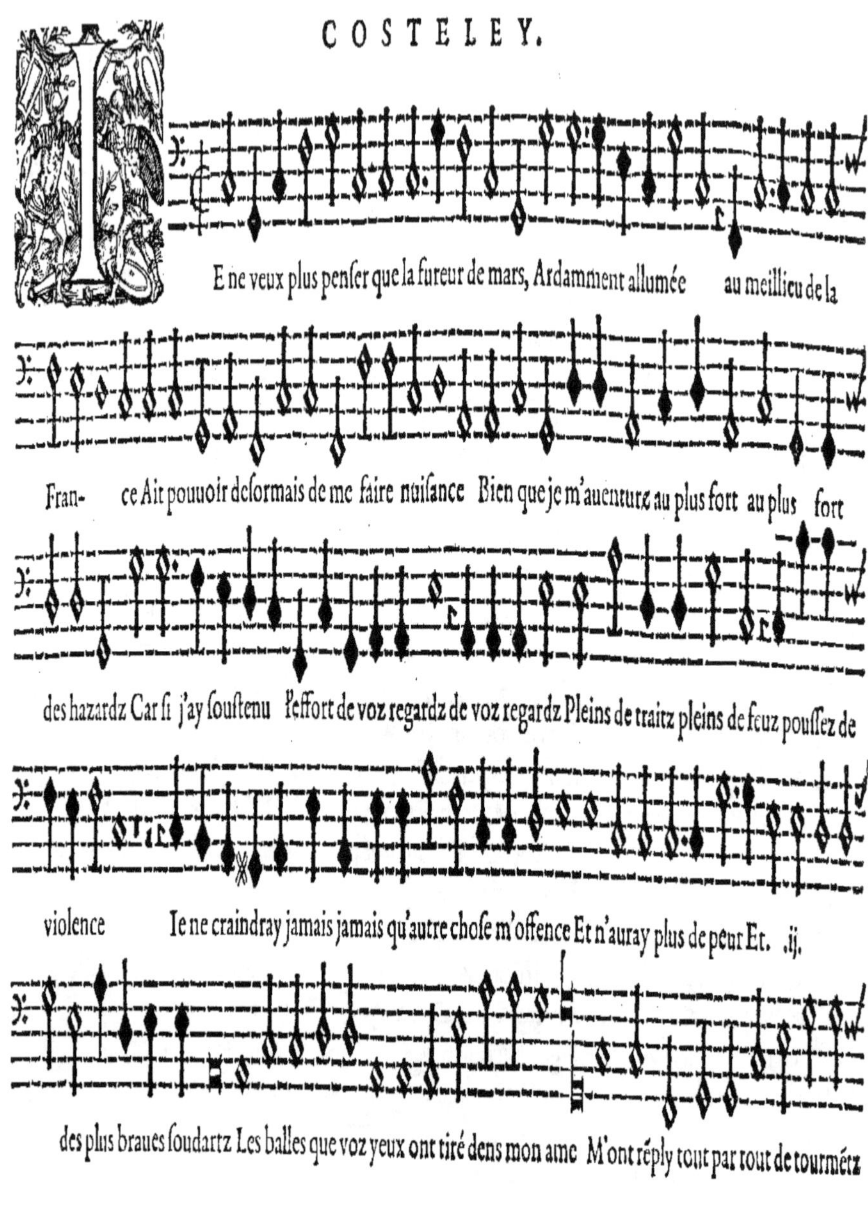

E ne veux plus penſer que la fureur de mars, Ardamment allumée au meillieu de la
Fran- ce Ait pouuoir deſormais de me faire nuiſance Bien que je m'auenture au plus fort au plus fort
des hazardz Car ſi j'ay ſouſtenu l'effort de voz regardz de voz regardz Pleins de traitz pleins de feuz pouſſez de
violence Ie ne craindray jamais jamais qu'autre choſe m'offence Et n'auray plus de peur Et. .ij.
des plus braues ſoudartz Les balles que voz yeux ont tiré dens mon ame M'ont réply tout par tout de tourmétz

S'ensuyuent les chansons, à cinq, & à six parties.

A cinq.

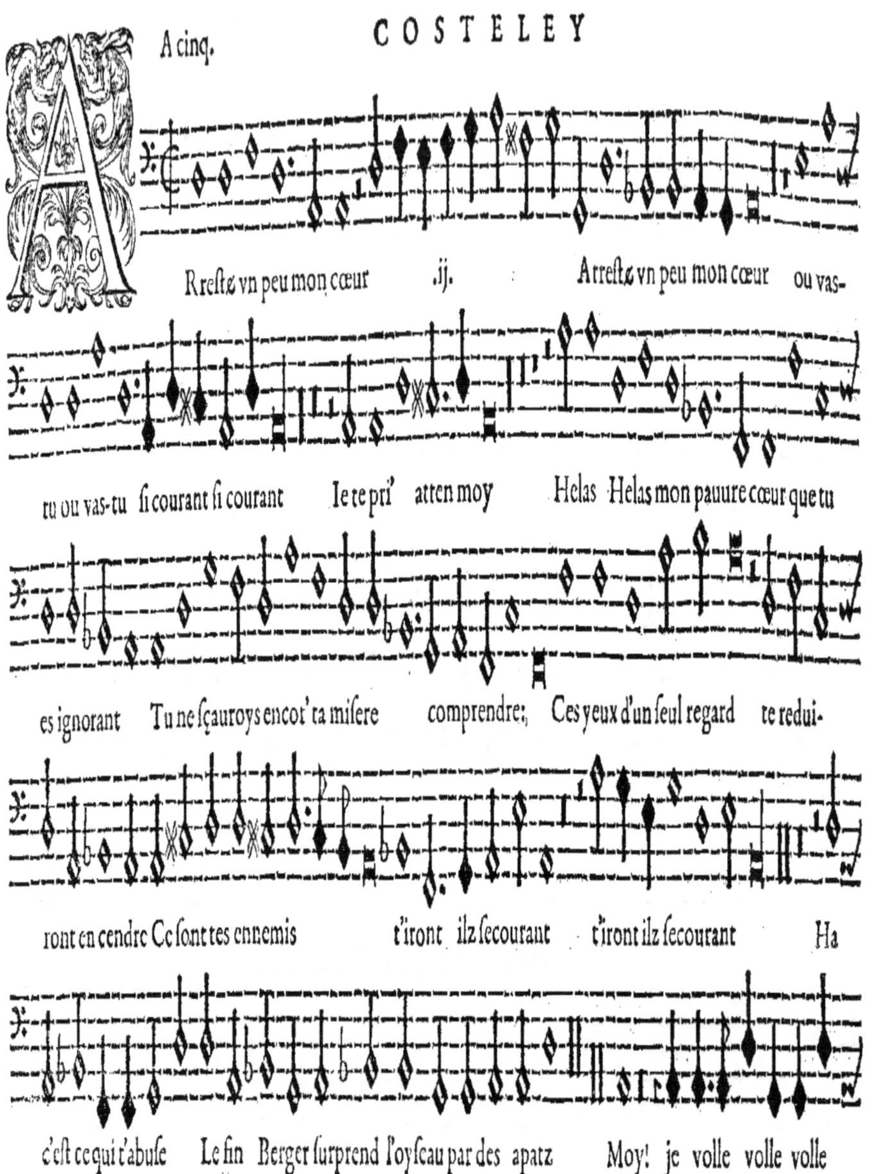
Rreſtz vn peu mon cœur .ij. Arreſtz vn peu mon cœur ou vas-
tu ou vas-tu ſi courant ſi courant Ie te pri' atten moy Helas Helas mon pauure cœur que tu
es ignorant Tu ne ſçauroys encor' ta miſere comprendre; Ces yeux d'un ſeul regard te reduiront en cendre Ce ſont tes ennemis t'iront ilz ſecourant t'iront ilz ſecourant Ha
c'eſt ce qui t'abuſe Le fin Berger ſurprend l'oyſeau par des apatz Moy! je volle volle volle

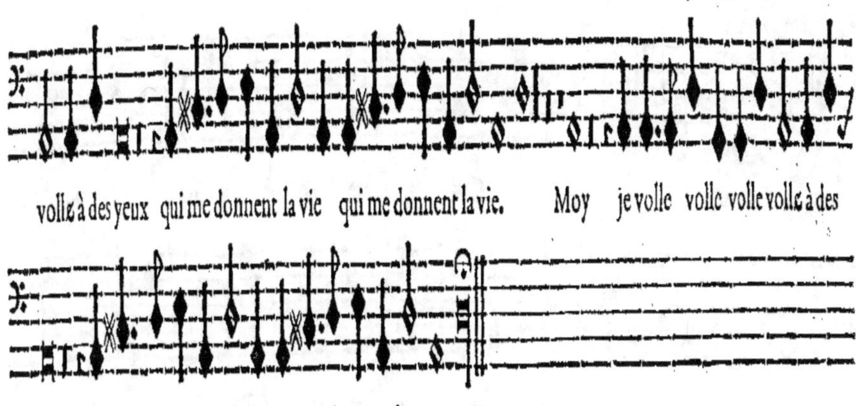

Dialogue. L'homme & son cœur.

AR reste vn peu mon cœur: ou vas-tu si courant?
Ie voys trouuer les yeux qui sain me peuuent rendre,
Ie te prie atten moy. Ie ne te puis attendre:
Ie suis pressé du feu qui me va deuorant
Helas mon pauure cœur que tu es ignorant!
Tu ne sçauroys encor' ta misere comprendre.
Ces yeux d'vn seul regard te reduiront en cendre
Ce sont tes ennemis, t'iront ilz secourant?
Enuers ses ennemis si doucement on n'use:
Ces yeux ne sont point telz, Ha c'est ce qui t'abuse.
Le fin Berger surprend l'Oyseau par des appatz.
Tu t'abuses toy-mesme, ou tu me porte enuie,
Car lOyseau malheureux s'enuolle à son trespas:
Moy je volle à des yeux qui me donnent la vie.

Ve vaut Que vaut Catin ceste fuitte friuolle .ij. ceste fuit-
te friuolle Est-ce qu'Amour ne te puissé attraper ne te puissé attraper Est-ce qu'Amour ne te puis-
ssé attraper Tu es de pied & ce Dieu volle volle volle volle & ce Dieu volle volle volle volle volle
Cõment Cõment penses-tu eschapper Tu es de pied Tu es de pied & ce Dieu volle volle volle vol-
le & ce Dieu volle volle volle volle volle Comment penses-tu eschaper. penses-tu eschaper.

Lus est seruy   & plus se plainct: .ij.   Plus est nourry & plus se feinct, Plus
est aymé plus fait de peine Tant plus est creu, plus souuét ment, Plus à de bien moins est côtent,   Plus à de
bien moins est   côtent moins est content.

N ce
beau moys en ce tems nouuellet nouuellet   Qu'Arbres &
chams se vestent de verdure,   On oyt au boys   .ij.   mait doux Rossignolet Se degoyser
tant que jour & nuit dure   On void Margot qui tient qui tient de leur nature,   Soubz l'aubespin Soubz
l'aubespin les suiure de sa voiz   les suiure   de sa voix   .ij.   Et son amy gra-
tieux & courtoys   Parfait l'accord   en douce Cromatique   .ij.   Bref au millieu des

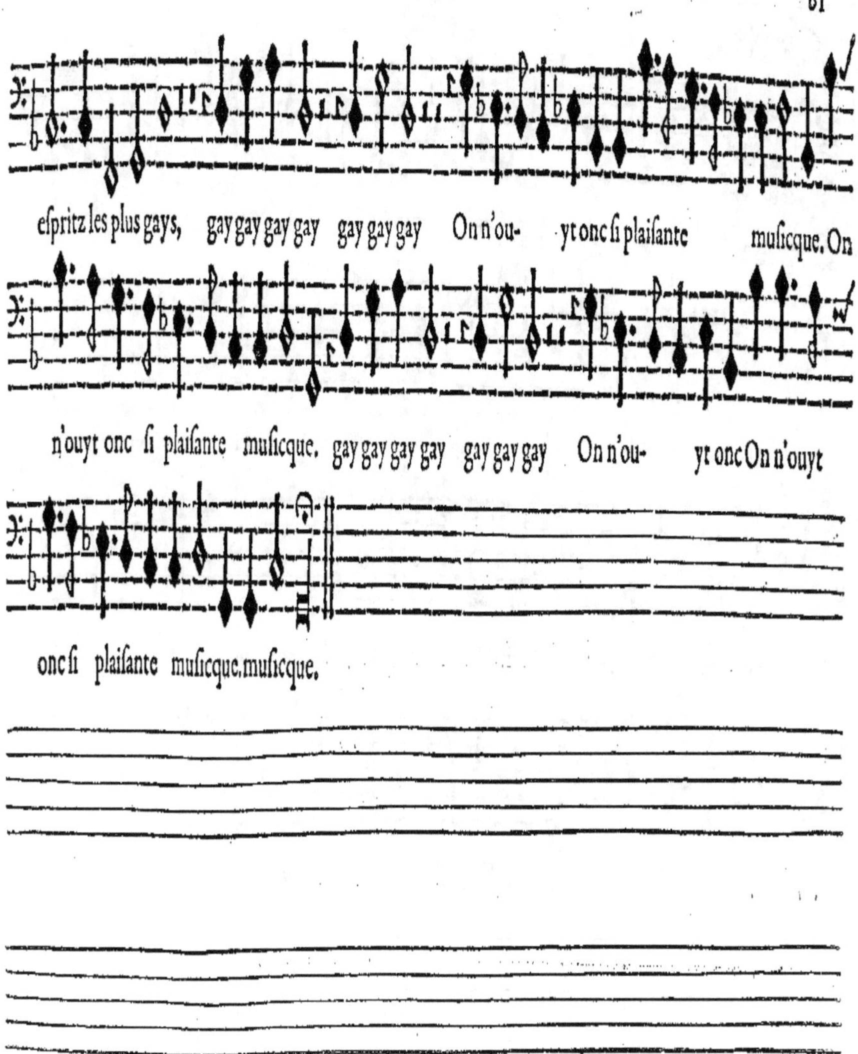
espritz les plus gays, gay gay gay gay gay gay gay On n'ou- yt onc si plaisante musicque. On
n'ouyt onc si plaisante musicque. gay gay gay gay gay gay gay On n'ou- yt onc On n'ouyt
onc si plaisante musicque. musicque.

Q

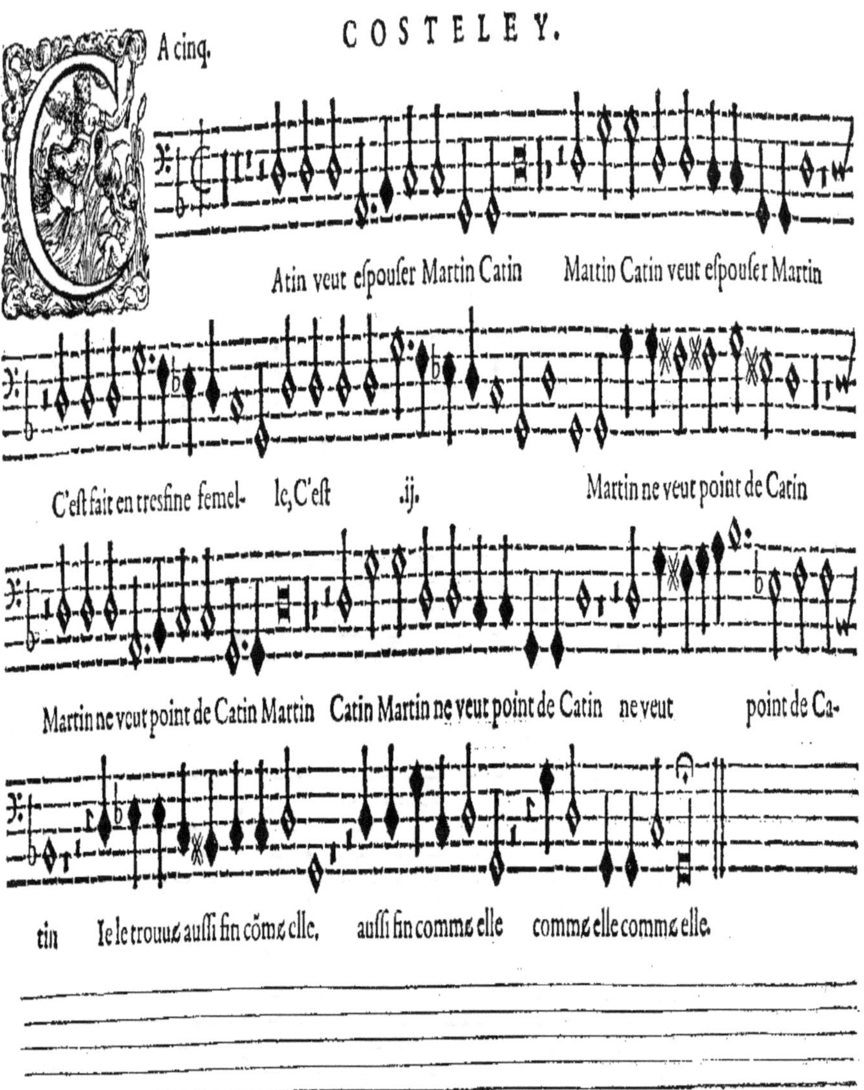

A cinq.
Atin veut espouser Martin Catin
Martin Catin veut espouser Martin
C'est fait en tresfine femel- le, C'est .ij.
Martin ne veut point de Catin
Martin ne veut point de Catin Martin Catin Martin ne veut point de Catin ne veut point de Ca-
tin Ie le trouue aussi fin cõme elle, aussi fin comme elle comme elle comme elle.

Ar ton saint nom je le confes-   se Venus j'ay ju-   ré ce ma-
tin Que de troys moys   Que de   troys moys pour sa rudesse   Ie ne visiteroys   Catin Deesse helas Deesse helas   .ij.   je luy pardonne helas   je luy pardonne S'il te plait donc pardonne moy Car
à grand peine midi son-   ne,   Car à grand peine midi sonne   midi   sonne Et ja demy mort je me
voy Et ja demy mort je me voy.

Q ij

A cinq.
COSTELEY.
Iupiter la paix. Quel murmure la bas vient mexciter icy Cesse mon peuplz a-
pren que j'ay des Roys foucy Et que le cœur des grands dedans ma main j'enferre, Ie puny je deffen Ie
fuis aufterz & doux Ie puny qui m'oublye, Et deffendz ma querelle Cõgnoy donc mõ pouuoir Et
au nom Et au nom de ton Roy qui me fuit & me craint Ce nouuel an pour toy Ce. .ij. pour les grands
& pour luy feray chofe nouuelle. feray chofe nouuel- le pour les grands & pour luy fe-

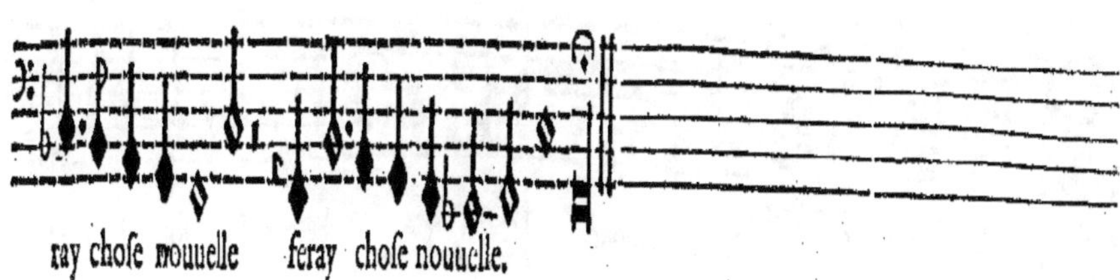

Dialogue. Le peuple, & Iupiter.

O Iupiter la Paix! O Iupiter la Guerre
Ce nouuel an repos: Bataille c'eft an cy
Quel murmure la bas vient m'exciter icy?
Le difcord des humains defuoyez fur la terre.
Le calme foit au Roy. Au Roy foit le tonnerre.
Pour foudroyer ça bas qui le trauaille ainfi.
Ceffe mon peuple, appren. que j'ay des Roys foucy.
Et que le cœur des grandz dedans ma main j'enferre.
Ie puny, je d'effen, je fuis auftere, & doux.
Las! Pere c'eft an cy ayez pitié de nous:
Ie puny qui m'oublye, & deffendz ma querelle:
Congnoy donc mon pouuoir, & au nom de ton Roy
Qui me fuit, & me craint: Ce nouuel an pour toy,
Pour les grandz, & pour luy, feray chofe nouuelle.

Q iij

A six.

Ourquoy amour. De son bel œil De son bel œil Ma-
dame la bruſlé, Madame la bruſlé, .ij. Voy-
la vn cas fort eſtrange & nouueau fort eſtrange & nouueau Ie
m'eſbahy qu'il ne feſt enuollé qu'il ne feſt enuollé Voller ne peut .ij. luy meſmz il eſt vollé Qui
rauira Qui rauira dôques Ciel Terrz & mer? donques Ciel Terrz & mer Son œil ſuffit Son

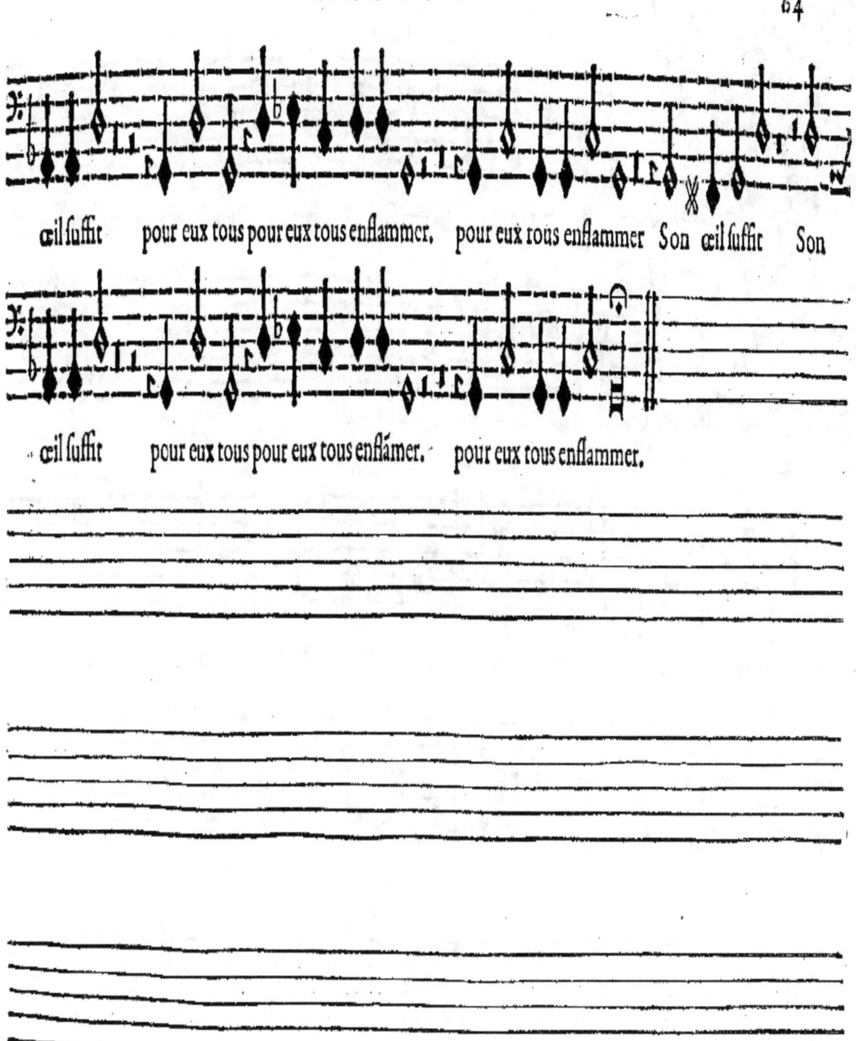
œil suffit pour eux tous pour eux tous enflammer, pour eux tous enflammer Son œil suffit Son
œil suffit pour eux tous pour eux tous enflámer. pour eux tous enflammer.

OMINE saluum fac   Regem saluum fac regem desideri-
um cordis e-   ius cordis e-   ius   tribue   e-
i & voluntate   labiorum   eius noli frauda-   re noli fraudare Posuisti   in capite
eius Co-   ro-   nam Co-   ronam   & preuenisti e-   um
in benedictionibus   Quoniam in misericordia   tua   sperauit Da ei victori-

am contra hostes su- os & longitudine dierum . & longitudine dierum
reple eum semenque eius maneat semper in seculum & in seculum & in seculum seculi & in seculum seculi.

R

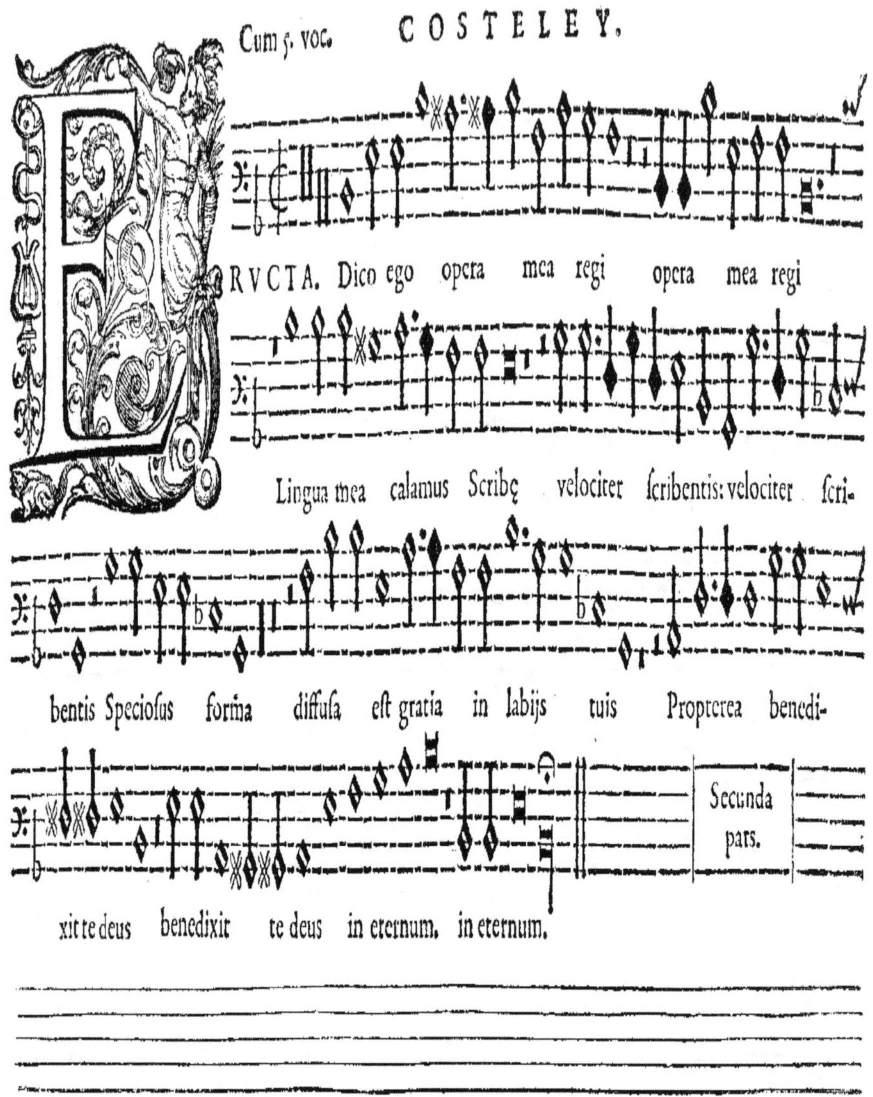

Cum 5. voc.   C O S T E L E Y.
RVCTA. Dico ego opera mea regi opera mea regi
Lingua mea calamus Scribę velociter scribentis: velociter scri-
bentis Speciosus forma diffusa est gratia in labijs tuis Propterea benedi-
Secunda pars.
xit te deus benedixit te deus in eternum, in eternum.

CCINGERE gladio tuo Accingere gladio tuo, Super
femur Super femur tuum potentiſſimè potentiſſimè Specie tua & pulchriſudine tu-
a intende .ij. intende pro- ſpere procede & regna procede & regna.
proce- de & regna.

VDITE cęli quę loquor: audiat terra verba oris mei Con-
crefcat in pluuiam in plu- uiam doctrina mea fluat vt
ros eloquium me- um. Quafi imber fuper herbam & quafi ftillę fuper grami-
na Quia nomen domini inuocabo.
Secunda
pars.

ATE magnificentiam deo nostro deo nostro Deus fidelis & absque
vlla iniquitate iustus & rectus peccauerūt ei pec. .ij. & non filij eius. & non filij eius in sordibus
Generatio praua Generatio praua atque peruersa heccine reddis domino. popule stul-
te & insipiens? Laudate gentes .ij. populus eius populus e- ius Quia
sanguinem seruorum su- orum vlcisce- tur & propitius erit regi nostro.

R iij

T A B L E.

TABLE.

F I N.

PARNASSE·RVE·S·IEAN·DE·BEAVVOIS
A·PARIS· PAR·ADRIAN·LE·ROY·ET·ROBERT·BAL
RS·DV·ROY· AV·MONT
LART·IMPRIMEVR
FIN DE LA MVSIQVE DE
G. COSTELEY. 1570.